Eine Zukunft für die Jugend

Aus dem Französischen übersetzt
Originaltitel:
UN AVENIR POUR LA JEUNESSE

Editions Prosveta S.A. – B.P. 12 – 83601 Fréjus – Cedex (France)

ISBN 3-89515-007-X
Französische Originalausgabe: ISBN 2-85566-508-6

Omraam Mikhaël Aïvanhov

Eine Zukunft für die Jugend

1. Auflage

Reihe Izvor - Band 233

PROSVETA VERLAG

INHALT

Da Meister Omraam Mikhaël Aïvanhov
seine Lehre ausschließlich mündlich überlieferte,
wurden seine Bücher erstellt aus stenographischen
Mitschriften, Tonband- und Videoaufnahmen
seiner stets frei gehaltenen Vorträge.

I

DIE JUGEND IST WIE DIE ERDE IM ENTWICKLUNGSPROZESS

Junge Menschen sind voller Frische, Leben, Begeisterung und Sehnsucht nach etwas Großem – wie könnte man sie nicht gern haben? Die Frage ist nur, was sie mit diesen übersprudelnden Energien anfangen.

Da es Entsprechungen zwischen dem Leben des Menschen und dem der Natur gibt, kann man sagen, daß die Jugendjahre mit der Zeit der Entstehung der Erde vergleichbar sind. Zu jener Zeit, vor Millionen von Jahren, war noch keinerlei organisiertes Leben möglich, denn es gab nichts anderes als vulkanische Ausbrüche und Materialien in geschmolzenem Zustand. All diese Bewegungen und Kräfte mußten erst zur Ruhe kommen, damit die Erde schließlich zu einem Aufenthaltsort für Pflanzen, Tiere und Menschen werden konnte.

Nun, die Jugend lebt innerlich in diesem ursprünglichen Zustand der Erde. Ihre Energien, die weder kanalisiert noch kontrolliert sind, ziehen allerlei Unordnung und Widersprüche nach sich. Die Jugend empfindet alles im Übermaß, Anziehung wie Abneigung, Begeisterung wie Auflehnung, und großzügigen schöpferischen Anwandlungen folgen oft Widerwillen und der Drang, alles zu zerstören, sogar ihr eigenes Leben. Nichts Dauerhaftes kann auf solch unbeständigem Boden errichtet werden. Die Jugend sollte also mehr Maß, Selbstbeherrschung und Ausgeglichenheit anstreben, um – symbolisch gesprochen – zu einer Erde zu werden, die Pflanzen, Tieren und Menschen Lebensmöglichkeiten bieten kann.

Denn darin besteht der Übergang von der Jugend zum Erwachsenenalter, der Übergang von einem unorganisierten, unbeständigen, chaotischen Leben zu einem reichhaltigen, erfüllten Leben, das sich auf einen selbst und auf die anderen segensreich auswirkt. Diejenigen, die glauben, daß das Erwachsenwerden mit dem Verlust der Jugendlichkeit verbunden sei, mit anderen Worten, daß der Charme und die sprudelnde Lebenskraft verlorengehen, sind im Irrtum. Jung zu sein ist eine Sache, und seine Jugendlichkeit zu bewahren eine andere. Die Jugendlichen verfügen über frische Kräfte und unverbrauchte Mittel, mit denen sie bewußt umgehen müssen, um ihr Leben zu gestalten. Was wird geschehen, wenn sie sich nicht an die Arbeit machen? Mit den Jahren läßt ihre Vitalität zwangsläufig nach, sofern sie ihren Launen und

Trieben nachgegeben haben, ohne versucht zu haben, Klarheit und ein bißchen Ordnung in sich selbst zu schaffen, um ihre Energien zu beherrschen. Dann gleichen sie als Erwachsene unfruchtbarer Erde oder verwüstetem Land.

Daß es zu so vielen Konflikten zwischen Jugendlichen und Erwachsenen kommt, ist auf die Tatsache zurückzuführen, daß die Erwachsenen ihre Jugend unbewußt, passiv gelebt haben, ohne in dieser Zeit eine innere Arbeit zu verrichten. Deshalb fühlen sie sich jetzt den Jugendlichen gegenüber arm und hegen sogar einen Groll gegen sie, denn diese besitzen das, was sie selbst nicht mehr haben. Wenn sich die Jugendlichen ihrerseits diese nichtssagenden, abgestumpften und abgeschlafften Erwachsenen anschauen, können sie natürlich nicht umhin, sie zu kritisieren, auszulachen und sich gegen sie aufzulehnen. Und diese Situation schafft allmählich unlösbare Probleme. Ich rate den Jugendlichen, die Erwachsenen in Ruhe zu lassen und statt dessen mit einer riesigen Arbeit der Organisation, Kontrolle und Harmonisation zu beginnen, damit es ihnen gelingt, etwas Besseres zu bringen. Wenn sie wirklich wollen, können sie es auch.

Seit ein paar Jahren sieht man übrigens, wie die Jugend sich um öffentliche Angelegenheiten kümmert. Ganz junge Mädchen und Jungen äußern ihre Meinung über die Gesellschaft, das

Leben im Land und über die Ereignisse in der Welt. Sie schließen sich zusammen, damit ihre Meinung an Gewicht gewinnt. Das ist neu, vorher gab es so etwas nie! Ja, das ist ein Zeichen der Zeit. Die neuen Strömungen, die sich in die Welt ergießen, bahnen sich über die Jugend einen Weg. Ein neues Zeitalter, das des Wassermanns, naht heran, und seine Einflüsse sind schon erkennbar. Zur Zeit beobachtet man, wie es bei manchen Demonstrationen zu Ausschreitungen kommt. Und das ist ganz normal, denn es handelt sich um Versuche, und Versuche sind immer mit Zusammenstößen und Erschütterungen verbunden. Nach einiger Zeit wird sich alles wieder ordnen, und Veränderungen werden sichtbar. Wie diese Veränderungen aussehen, das hängt von den Jugendlichen ab. Da sie mit der Zustimmung vieler Erwachsener das Wort ergriffen haben, obliegt es ihnen, gut zu überlegen, was sie fordern.

Wenn die Jugendlichen ihrerseits dann auch nur materiellen Wohlstand, Vergnügungen usw. fordern, dürfen sie sich keinen Illusionen hingeben – das ist nichts Neues, das verlangen die Menschen, seit es sie gibt. Es ist nichts Besonderes unter der Sonne. Wenn die Jugendlichen nichts Besseres verlangen, ähneln sie bald den Erwachsenen, die sie so schön kritisieren. Ihr werdet fragen: »Was sollen wir denn verlangen?« Verlangt danach, belehrt zu werden. Belehrt zu werden bedeutet nicht nur, Kenntnisse zu erwerben, um es zu Diplomen und einem Beruf zu bringen. Es bedeutet, jenes Licht zu bekommen, das einem erlaubt, immer weiter auf dem Weg der Freiheit, der Kraft, der Schönheit und der Liebe, auf dem Weg des wahren Lebens voranzuschreiten...

Damit ihre Forderungen anerkannt werden, muß die Jugend auch die richtige Einstellung haben. Mit Geschrei und Gestikulieren, mit Grobheit und Gewalt überzeugt man die anderen nicht von seinem Recht. Ich möchte endlich einmal eine Jugend aufstehen sehen, vor der alle kapitulieren müssen. Ja, sie brauchte gar nichts zu sagen, bloß zu erscheinen – und vor ihrem Ideal, ihrer Lauterkeit, ihrer Ausstrahlung würde die ganze Welt kapitulieren. So einer Jugend könnte nichts und niemand widerstehen!

Selbstverständlich kann die Jugend nicht sofort ihren Willen durchsetzen. Sie kann aber wenigstens damit anfangen, zu denjenigen *nein* zu sagen, die sie auf dunkle Wege führen wollen. Deshalb muß sie zuallererst ihre Wachsamkeit entwickeln und eine Auslese treffen bei allem, was man ihr anbietet, in dem Wissen, daß sie eine leichte Beute ist für alle, die zweifelhafte Interessen vertreten. Wieviele Menschen lauern auf die Jugendlichen, bemühen sich, sie anzulocken, um ihre erwachenden Triebe und Begierden rasch zufriedenzustellen! Es fängt schon mit den Spielzeugfabrikanten an, die den Aggressionstrieb der kleinen Jungen mit Waffen oder Spielen fördern, die Kriegssituationen imitieren. Später geht es in dieselbe Richtung weiter mit allerlei völlig nutzlosen oder sogar schädlichen Gegenständen oder Aktivitäten, die den Jugendlichen niemals von selbst einfallen würden, wenn sie diese nicht überall in den Schaufenstern angeboten und von der Werbung angepriesen sähen.

Diese Leute machen sich schuldig, indem sie die Jugend in die Irre führen. Denn zuerst erwecken sie in ihr materielle Bedürfnisse, die sie nicht befriedigen können. Das zieht bei der Jugend Frustration nach sich und sogar den Wunsch, sich auf unehrliche Weise zu beschaffen, was sie nicht ehrlich bekommen kann. Und indem man ihr vorgaukelt, ohne das alles könne man sich weder wohlfühlen noch glücklich sein, bringt man sie von der Suche nach dem wahren Glück, nach dem Sinn des Lebens ab. Denn das Glück, der Sinn des Lebens liegt nur darin, daß man sich der spirituellen Welt gegenüber öffnet. Nur so fühlt man sich genährt, beruhigt, gestärkt.

Nur wenige Erwachsene fragen sich, ob das, was sie für die Jugend bereithalten, auch wirklich nützlich für sie ist, ob es ihr hilft, klarer zu sehen, ausgeglichen und stärker zu werden. Meistens haben sie nur vor, die Jugend in eine ihnen nützende

Richtung zu locken. Und was ihnen nützt, ist Geld zu verdienen. Wieviele Bücher, Filme, Schallplatten usw. werden den Jugendlichen angeboten, die nur dazu dienen, die Geschäftsleute reich zu machen! Und wenn die Jugendlichen – durch alles, was sie zu sehen und zu hören bekommen – immer verwirrter und verstörter werden, pfeifen sie darauf! Das Ganze nimmt sogar beträchtliche Ausmaße an, denn es tauchen immer mehr Verbrecher auf, die die Neugier und die Unruhe der Jugendlichen ausnützen, um ihnen Drogen anzubieten. Mit diesen Drogen machen sie aus ihnen Sklaven, Wracks, oder töten sie sogar. Aber was kümmert sie das, wenn sie dabei nur viel Geld verdienen! Um reich zu werden, sind alle Mittel recht!

Ich kann euch erzählen, was mir einmal passierte, als ich noch sehr jung war. In Varna, wo ich lebte, wohnte ein Mann, der Konsul in Amerika gewesen war. Von seinen Reisen hatte er Lehrbücher über Magie und allerlei Werke über Okkultismus, aber auch verschiedene Gegenstände wie Zauberstäbe, Zauberspiegel und Zeremoniengewänder mitgebracht. Er war zu einer Art Magier geworden, hatte aber wohl eingesehen, daß er es allein zu nichts bringen würde, denn es fehlten ihm gewisse Fähigkeiten und Kenntnisse. Um seine Pläne durchführen zu können, hatte er sich nach einem Jugendlichen umgeschaut, der mit ihm zusammen arbeiten könnte, und seine Wahl war auf mich gefallen! Als Gegenleistung für meine Hilfe, schlug er mir vor, bei ihm zu wohnen (er lebte in einem prachtvollen Hause), er wollte für Verpflegung, Geld und alles, was ich mir wünschte, sorgen. Er besaß eine einmalige Bibliothek. Als Schriftsteller hatte er selbst Bücher über Spiritismus verfaßt und auch Verschiedenes übersetzt. Er war der erste, der »Zanoni« von Bulwer-Lytton ins Bulgarische übertragen hat.

Ich war damals noch sehr jung – 18 Jahre – und verstand noch sehr wenig von der menschlichen Natur, ihrer Habsucht, Perversion und Neigung zu gefährlichen Unternehmungen. Ich wollte aber gut beraten und geführt werden; deshalb ließ ich mich nie in etwas ein, ohne meinen Meister, Peter Deunov, um Rat zu fragen. Das alles geschah übrigens kurz nach unserer ersten Begegnung. Ich legte ihm dar, was dieser Mann mir anbot, und fragte ihn, was ich machen sollte. Und der Meister antwortete entschieden. Er riet mir davon ab, mich mit einem solchen Menschen einzulassen und Magie zu betreiben. Das war mein Glück, sonst hätte ich vielleicht einen sehr gefährlichen Weg eingeschlagen, zweifellos vieles erreicht, aber um welchen Preis! Fängt man einmal an, sich der Magie zu bedienen, um sich materielle Errungenschaften wie Erfolg, Geld oder Ruhm zu verschaffen, einen Mann oder eine Frau zu besitzen, dann ist man auf dem Weg der schwarzen Magie, und verkauft letztlich auf die eine oder andere Weise *seine Seele dem Teufel*, wie man sagt.

Ihr denkt sicher, daß ihr nicht befürchten müßt, von einem Magier verlockende Angebote zu erhalten. Vielleicht nicht in dieser Form, das ist klar, aber es gibt so viele Arten und Möglichkeiten, dem Teufel seine Seele zu verkaufen! Es ist nicht nötig, einen Vertrag mit ihm zu schließen, wie es in den Büchern über Hexenkunst steht; die Verfolgung gewinnsüchtiger oder egoistischer Absichten genügt schon, um jedesmal etwas vom Licht seiner Seele einzubüßen.

Aus diesem Grunde rate ich den Jugendlichen, jedes Angebot gründlich zu prüfen. Was man ihnen auch anbietet, ob Gegenstände, Kleidung, Musik, Aktivitäten, Ideen, zuallererst müssen sie sich darüber klar werden, welche Neigungen man in ihnen zu fördern versucht. Sie sollten nicht vergessen, daß sie sich noch wie die Erde im Entwicklungsprozeß befinden. Und wenn sie spüren, daß man sie zu leichtem, mühelosem Gewinn und Erfolg, Gewalt- oder Verzweiflungstaten überreden will, dann sollten sie wissen, daß sie es da mit zerstörerischen Kräften zu tun haben, und sich davon abwenden! Wenn sie es aber wirklich besser machen wollen als die Erwachsenen und eine neue Welt erschaffen möchten, dann dürfen sie nur das annehmen, was in ihnen den Wunsch erweckt, in sich und um sich Gutes, Schönes, Reines und Starkes aufzubauen.

II

DIE GRUNDLAGE UNSERER EXISTENZ IST DER GLAUBE AN EINEN SCHÖPFER

Viele sagen, es sei völlig belanglos, ob man gläubig ist oder nicht; Glaube oder Unglaube habe auf die Mentalität und das Verhalten der Menschen keine spürbare Wirkung. Nun, das beweist nur, daß sie nichts von Psychologie verstehen. In Wirklichkeit wirkt alles, was ihr in eure Seele aufnehmt, in Form von Überzeugung, Gefühl, Gedanken auf euch ein. Die Anwesenheit oder das Fehlen solcher Elemente beeinflußt eure Urteilskraft, also eure innere Einstellung zum Leben. Genauso ist es übrigens auf allen anderen Gebieten.

Glaubt ihr denn, wenn ihr beim Backen den Zucker vergeßt, daß ihr zum gleichen Ergebnis kommt wie mit Zucker? Wenn ihr ein chemisches Präparat nachlässig zusammenstellt und dosiert, bekommt ihr auch nicht das gewünschte Produkt. Oder ist in einer Versammlung, im Parlament zum Beispiel, ein Abgeordneter nicht anwesend, so mag es zu ganz anderen Entscheidungen kommen. Wäre dieser Abgeordnete da gewesen, dann hätte er vielleicht einen anderen Standpunkt vertreten können, und die Abstimmung wäre anders ausgefallen. Alles im Leben zeigt uns, wie wichtig das Vorhandensein oder das Nichtvorhandensein eines Elementes sein mag, zumal wenn es sich um das Element *Glaube* handelt.

Vielleicht versteht ihr besser, wenn ich euch sage, daß der Glaube im Menschen ein Phänomen ist, das man mit dem der Pubertät vergleichen kann. Die Pubertät ist bei den Jugendlichen eine Zeit größter physiologischer, aber vor allem auch psychischer Wandlungen. Ein neues Element bricht in ihr psychisches Leben ein und bewirkt Veränderungen in ihrer Sensibilität, also in ihrer Art und Weise der Wahrnehmung. Sie erleben so etwas wie eine Erweiterung des Bewußtseins. Die Tatsache, daß ein Mensch die Welt als das Werk eines allmächtigen, allwissenden und all-liebenden Schöpfers betrachtet, ist für sein psychisches Leben von entscheidender Bedeutung. Die Gedankengänge und die Reaktionen eines wahren Gläubigen nehmen, was die moralischen, sozialen und politischen Fragen anbelangt, eine tiefere, umfassendere Dimension an, und sind von viel subtilerer Beschaffenheit als die des Atheisten. Dank des Vorhandenseins dieses Elementes *Glaube und Liebe* dem Schöpfer gegenüber spürt und begreift der Gläubige das, was der andere weder zu spüren noch zu begreifen vermag.

Manche werden einwenden, die Atheisten sind sachlicher und logischer, sie urteilen lediglich über das, was sie sehen, während die anderen, durch ihre Überzeugungen verblendet, die Dinge falsch beurteilen. Ganz und gar nicht! Daß die Menschen gläubig sind, heißt nicht, daß sie automatisch auch ein gutes Urteilsvermögen haben, das ist klar. Um richtig urteilen zu können, müssen auch bestimmte mentale Fähigkeiten mitspielen, was nicht bei allen Gläubigen der Fall ist. Was ich aber damit meine, ist folgendes: dem intelligenten Menschen, der nicht an die Existenz Gottes, die Realität der Seele, die Unsterblichkeit des Geistes glaubt, fehlt immer ein wesentliches Element zu einer Vervollkommnung seiner Beobachtungen und Beurteilungen. Durch das Fehlen dieses Elementes bleiben die Atheisten bei einer oberflächlichen Sicht der Dinge stehen, sie berücksichtigen nur die Form, die äußerliche Seite der Existenz.

Hat der Mensch dieses Element Glaube einmal verinnerlicht, dann wird er der wirklichen Dimension aller Wesen und Dinge gewahr und spürt vor allem das Wechselspiel der zwischen ihnen hin- und herfließenden Strömungen. Ein Atheist verhält sich in seiner Existenz genauso wie derjenige, der bei einem Menschen nur dessen Anatomie betrachten würde. Solange es darauf ankommt, die Gliedmaßen und Organe zu identifizieren und ihr Aussehen zu beschreiben, mag die Anatomie ausreichen. Sich aber nur mit der Anatomie zu befassen bedeutet, sich mit einem leblosen Körper und nicht mit dem Leben zu befassen.

Wir sind Geschöpfe, und Geschöpfe, die keinen Schöpfer anerkennen, versinken in Sinnlosigkeit und Monstrosität. Was kann man Gutes von jemandem erwarten, der sich einer so einfachen Wahrheit verschließt, nämlich daß die Schöpfung und alle Geschöpfe zwangsläufig einen Schöpfer haben müssen? Wenn ein Verbrechen begangen wurde, fragen sich die Leute als erstes, wer der Täter war. In den meisten Fällen ist der Täter schon verschwunden, er ist nicht am Tatort geblieben, jedoch zweifelt keiner daran, daß es irgend jemand gewesen ist. Wenn man ein unsigniertes Bild findet und nicht weiß, welchem Maler man es zuordnen soll, sagt man auch nicht das Gemälde habe keinen Urheber, sondern nur: »Es ist anonym.« Obgleich der Maler unbekannt ist, zweifelt doch niemand an seiner Existenz. Warum sollte also – wie manche es behaupten – hinter diesem großartigen, prachtvollen Werk der Schöpfung kein Schöpfer stehen? Sie sollten eher sagen – wenn ihnen das lieber ist –, die Schöpfung sei anonym (es gibt genug Menschen, die sich damit beschäftigt haben, dem Schöpfer einen Namen zu geben!), aber die Existenz dieses Urhebers zu leugnen, ist die größte Absurdität.

Nach meiner Meinung sollte es gar nicht nötig

sein, ein solches Thema anzuschneiden, und ich schäme mich fast, darüber zu sprechen. Wie kann man denken, daß alle Intelligenz, Pracht und Schönheit des Universums irgendwann zufällig und einfach so aus dem Chaos entstanden ist!... Nein, es gibt wirklich kein passendes Wort für diesen Unsinn. Für einen Eingeweihten ist es klar, daß jeder Wahrheitssucher in erster Linie die Existenz des Schöpfers anerkennen muß. Und will er an Seinem Leben, Seinem Licht, Seiner Liebe, Seiner Kraft teilhaben, dann muß er sich mit Ihm verbinden, einen Kontakt herstellen mit jeder Seiner Eigenschaften, deren einzige wahre Quelle Er ist. Schon der bloße Gedanke, daß der Schöpfer existiert, wirkt sich auf jedes Geschöpf günstig aus.

Denn im Gegensatz zu dem, was manche Menschen lange geglaubt haben und noch weiterhin glauben, ist Gott nicht dieser gutmütige Alte mit einem langen Bart, der auf den Wolken sitzt und die Menschen ununterbrochen beobachtet, um ihre Verfehlungen zu notieren und sie zu bestrafen. Gott kann man weder beschreiben noch erklären und schon gar nicht erfassen. Wer Ihn aber wahrhaftig sucht, wer sich bemüht, Ihm durch Ausübung der Tugenden näher zu kommen, beginnt allmählich zu spüren, wie Er sich in ihm niederläßt in Form von Frieden, Licht, Liebe und Kraft, und nichts Böses kann ihm mehr etwas anhaben. Vor allem solltet ihr begreifen, daß ihr Gott niemals außerhalb von euch findet, ihr könnt Ihm nur innerlich begegnen in Form einer Anwesenheit, die euch belebt und euer ganzes Wesen zum Leuchten bringt.

Beobachtet euch, wenn ihr jemanden liebt. Allein das Gefühl der Liebe regt euch dazu an, auf eine bestimmte Weise zu denken und zu handeln, und das nicht nur diesem einen Menschen gegenüber. Denn die Beziehungen mit allen Menschen eurer Umgebung und sogar mit der Natur werden verwandelt dank dieses Gefühls in euch. Das ist um so wahrer, wenn es um das höchste aller Wesen geht.

Wie kann man aber jemanden lieben, dessen Existenz man leugnet?... Wer nicht an Gott glaubt, Ihn nicht liebt, wird stets etwas entbehren; wie berühmt er als Wissenschaftler oder Philosoph auch sein mag, das Fehlen dieses Gefühls wird ihn daran hindern, zum wahren Verständnis der Dinge zu gelangen. Die Liebe ist eine Kraft, die sich auf euch auswirkt, auf eure Denkkraft, euren Willen, sogar auf euren physischen Körper; die Liebe gibt euch ungeheure Möglichkeiten. Man kann sie mit Benzin vergleichen: habt ihr genug Benzin im Tank eures Wagens, dann kommt ihr vorwärts. Ist aber der Tank leer, wo wollt ihr dann hinfahren?

Das, was ich euch heute sage, ist eine grundlegende Wahrheit, denn euer Schicksal hängt ab vom Vorhandensein oder Nicht-Vorhandensein bestimmter Elemente in euch. Wenn ihr Glauben, Liebe und Hoffnung pflegt, wenn ihr an Gott glaubt, Ihn liebt und eure Hoffnung auf Ihn setzt, dann wird euer Leben – wie die Ereignisse und Umstände auch sein mögen – sich anders abspielen, als hättet ihr das alles nicht. Es wird ein Tag kommen, an dem die Forscher einsehen müssen, daß es genauso wichtig ist, die chemischen Reaktionenzu erforschen, die im Menschen seine Überzeugungen, Vorstellungen und seine Denkweise auslösen, wie die gesamte organische und anorganische Chemie zu kennen.

Selbst wenn meine Erklärungen euch noch nicht ansprechen, ist das unwichtig, denn nichts davon wird verlorengehen. Da ich über Realitäten spreche, die in euch existieren, weiß ich, daß es in euch etwas gibt, selbst wenn ihr euch dessen nicht bewußt seid, das nach Licht strebt und durch meine Worte angeregt wird. Dieses Etwas – das Gefühl für das Göttliche – wird sich allmählich in euch offenbaren. Genau wie die Lotosblume, die zunächst im Wasser wächst und dann an der Oberfläche aufblüht.

Die Lotosblume gilt als Symbol für diesen psychischen Prozeß, den ich euch eben beschreibe. Die Dinge entstehen in der Dunkelheit des Unterbewußtseins, wo sie sich heranbilden und sich zu entfalten beginnen; und wenn sie im Bewußtsein auftauchen, sind sie nicht mehr in ihrer Entstehungsphase, sondern haben beinahe den höchsten Punkt ihrer Entfaltung erreicht, denn sie waren schon lange dabei zu wachsen. Auf ähnliche Weise rufen meine Worte in der Tiefe eures Wesens etwas hervor, das eines Tages wie die Lotosblume über dem Wasser erscheinen und aufblühen wird.

III

DER SINN FÜR DAS HEILIGE

Vor vielen Jahren in Bulgarien – ich war damals noch sehr jung – hatte ich nicht genügend Geld, um mir einen Radioapparat kaufen zu können. So hatte ich mir einen Apparat mit Kristalldetektor gebastelt. Ein solcher Apparat ist erst funktionsfähig, wenn man eine kleine Nadel auf einem Galenitkristall anbringt und sie solange verschiebt, bis der Kontakt hergestellt ist; manchmal klappt es, manchmal nicht... Die Tatsache, daß es nicht immer klappte, hat mich damals tief beeindruckt und zum Nachdenken angeregt! Ich mochte mich noch so sehr bemühen, den Stein mit der Nadel zu berühren, ich hörte nichts und mußte weitersuchen, bis ich endlich plötzlich Musik und Stimmen wahrnehmen konnte... Es war, als gäbe es empfindliche, »lebendige« und auch »tote« Punkte. Hatte ich einmal einen »lebendigen« Punkt getroffen, dann mußte ich die Nadel an dieser Stelle festhalten, damit der Apparat weiterhin funktionierte;

wenn die Nadel verrutschte, verlor ich den Kontakt und mußte wieder herumtasten, um einen neuen Punkt zu treffen.

Ich habe darüber nachgedacht und erkannt, daß es Entsprechungen zwischen diesem Phänomen und unserem Innenleben gibt. Jeder Mensch sucht etwas, möchte eine Stimme hören, Hilfe bekommen. Aber meistens hört er nichts, die Hilfe bleibt aus. Warum? Weil es ihm nicht gelungen ist, die empfänglichen Punkte seiner Seele und seines Geistes zu berühren, die ihn mit den spirituellen Regionen in Verbindung gebracht hätten. Also muß er weiterforschen und herumtasten, und trifft er einmal diese Punkte, dann erlebt er eine Empfindung, die ihn nicht täuscht, er empfängt Licht, Liebe, Freude, und der Sinn des Lebens wird ihm offenbar.

Ihr werdet sagen : »Nun gut! Wir haben verstanden, daß wir diese Punkte suchen müssen, aber wie sollen wir es anstellen?« In Wirklichkeit ist es eine Frage der inneren Einstellung. Es gibt etwas, das die Menschen immer häufiger vernachlässigen, das ist die innere Haltung, der Sinn für das Heilige. Nach ihrer Ansicht verdient nichts Respekt oder Verehrung. Ihr werdet einwenden, daß sie doch versuchen, Respekt vor dem Menschen zu haben... Ja schon, das ist aber sehr wenig, sogar unbedeutend, denn über dem Menschen, und ihm weit überlegen, existieren Wesenheiten, die er nicht kennt. Er leugnet sogar ihre Existenz. Er verschanzt sich hinter der sogenannten *Würde des Menschen*, um sich zu rechtfertigen, vor nichts anderem – weder vor sich selbst noch der Natur –sogar nicht einmal vor dem Schöpfer, Achtung zu haben.

In Wahrheit könnt ihr die Menschen nicht wirklich respektieren, wenn ihr innerlich keine Ehrfurcht vor etwas Höherem, Absolutem habt. Ihr seid sogar auf dem Weg, die Menschen zugrunde zu richten, weil in euch sehr starke persönliche Beweggründe dieses Gefühl der Achtung unterdrücken. Nur wenn ihr für etwas oder vielmehr für jemanden, für einen höheren, mächtigeren Geist, nämlich für den Schöpfer, ein heiliges Gefühl empfindet, bringt ihr auch den Menschen Achtung entgegen.

Diese Frage der inneren Einstellung ist entscheidend, denn sie bestimmt das ganze Leben des Menschen, innerlich und äußerlich. Heutzutage ist das Verhalten der meisten Leute bedauerlich. Statt zum Schöpfer hinaufzuschauen, kehren sie Ihm den Rücken zu. Niemand lehrt sie, den Sinn für das Heilige zu pflegen; man regt sie sogar an, es loszuwerden, weil es angeblich nutzlos und überholt sei. Für unsere Vorfahren war es schon gut, weil sie unwissend waren, aber in unserer Zeit!... Nun, sie müssen wissen, daß genau das der Grund ist, warum in ihrem Leben so viele Schwierigkeiten auftreten, denn mit einer so groben, respektlosen Haltung können sie überhaupt nicht vorwärtskommen. Auf dem wissenschaftlichen und technischen Gebiet, wo sie tätig sind, mag diese Einstellung schon zu gewissen Ergebnissen führen, aber das betrifft nur die rein äußere, materielle Ebene. Im inneren, spirituellen Bereich entdecken sie nicht viel, meistens herrschen nur Mittelmäßigkeit, Dummheit, Beschränktheit, Leere und innere Unruhe. Und so wird es weitergehen, solange sie die wesentliche Frage nicht lösen, die richtige innere Einstellung zu finden.

Diesem erhabenen Geist gegenüber, der alles regiert, alles gibt, soll der Mensch von einem Gefühl der Ehrerbietung und Bewunderung erfüllt sein. Ihr wendet ein: »Diesen Geist sehen wir aber nicht!« Doch, ihr seht Ihn. Ihr seht die Schönheit der Natur, die Harmonie der Schöpfung, ihr seht Männer und Frauen in eurer Umgebung, ihr denkt aber nie daran, dies auf den Schöpfer all dessen, was ihr seht, zurückzuführen und meint, Er existiere nicht! Was glaubt ihr denn, was euch eine solche Haltung einbringt? Ihr werdet nur von chaotischen Kräften hin- und hergestoßen, mit denen ihr euch unbewußt verbunden habt.

Will man jemanden um etwas bitten, dann weiß man genau, welche Haltung man ihm gegenüber einnehmen, wie man ihn begrüßen und ansprechen soll. Aber dem Himmel gegenüber, der uns erschaffen und alles geschenkt hat, weiß man es nicht. Sogar in den Kirchen hat man nicht die richtige Haltung. Äußerlich schon, aber auch das ist nicht sicher!... Um den Segen des Himmels zu erhalten, müssen wir in unserem Inneren, in unseren Gedanken und Gefühlen, die richtige Einstellung finden.

Bemüht euch jetzt, dem Herrn gegenüber die richtige Haltung zu finden und mit Ehrfurcht, Bewunderung und Liebe an Ihn zu denken. So werdet ihr mit Ihm in Einklang schwingen und an allem, was Er besitzt, immer mehr teilhaben. Ihr spürt dann, daß ihr durch Sein Licht erleuchtet werdet, durch Seine Liebe liebt, durch Seine Freiheit frei seid und euch an Seiner Freude erfreut. Schaut euch einmal Liebende an, sie haben gemeinsame Empfindungen, weil sie auf derselben Wellenlänge schwingen. Das entspricht einem physikalischen Gesetz. Die Menschen denken aber nie daran, die Gesetze, die sie auf der materiellen Ebene erkannt haben, im spirituellen Bereich anzuwenden.

Selbstverständlich braucht der Schöpfer weder unsere Liebe noch unsere Ehrfurcht, Ihm fehlt nichts, Er hat die Fülle, ihr aber braucht es, Ihn zu lieben, denn diese Liebe gibt euch die Möglichkeit, euch bis zu den Sphären der Schönheit, des Lichtes, der Freiheit hinaufzuschwingen, das heißt bis zum göttlichen Bereich. Deshalb sollt ihr für dieses Wesen, das alles mit so viel Intelligenz erschaffen hat, ein heiliges Gefühl hegen. Blumen und Edelsteine, der Gesang der Vögel, die Schönheit und Intelligenz mancher Menschen versetzen euch in Bewunderung... Warum empfindet ihr denn nicht dasselbe Gefühl demjenigen gegenüber, der das alles erschaffen hat? Er ist der einzige, der eurer Verehrung würdig ist, und dennoch wird Er vernachlässigt und verbannt.

Die Religion, die nach und nach auf äußerliche Praktiken zusammengeschrumpft ist, und die Wissenschaft, die dazu beigetragen hat, den Menschen von all dem, was heilig ist, abzubringen, machen es nicht gerade leicht, eine dem Heiligen aufgeschlossene Einstellung zu finden. Deshalb müßt ihr eine Zeitlang nichts als suchen, suchen, suchen, genau wie beim Detektorempfänger! Versucht durch Meditation und Gebet – das eben ist die Nadel! – diesen Punkt zu treffen. Habt ihr ihn einmal getroffen, dann werdet ihr die Herrlichkeit der göttlichen Welt wahrnehmen, die Stimme des Ewigen hören. Ihr müßt euch also weiterbemühen, euer Eifer darf nicht nachlassen... Dann wird sich eines Tages plötzlich etwas in euch auftun und hervorsprudeln.

IV

DIE STIMME DER HÖHEREN NATUR

Die negative Beurteilung unserer Zeitgenossen, was das Alter betrifft, erklärt sich durch die materialistische Einstellung zum Leben. Für denjenigen ist natürlich das Alter nicht die angenehmste Periode des Lebens, der meint, der Sinn des Lebens bestehe im Auskosten aller möglichen Vergnügungen wie Essen, Trinken, Rauchen, Liebesabenteuern oder darin, sich in Tätigkeiten zu stürzen, die mit Geld, Macht und Ruhm verbunden sind. Und dies um so mehr, wenn er in der Jugend die Gesundheit mit diesen Vergnügungen verbrauchte und mißbrauchte, so daß er jetzt noch verwelkter, häßlicher und kränklicher aussieht, als wenn er vernünftig gelebt hätte.

Den Jugendlichen wird immer gesagt: »Verliert keine Zeit! Das Leben ist so kurz, wenn ihr es nicht genießt, werdet ihr eines Tages bereuen, so viele Gelegenheiten verpaßt zu haben.« Ja, heutzutage verbreitet sich auf der Welt eine sehr schädliche Lebenseinstellung, die die Menschen zur Befriedigung all ihrer Begierden treibt. Angeblich schadet es, der Stimme der Natur nicht zu folgen oder sich ihr zu widersetzen, das nennt man *Verdrängung*. Wenn ihr aber ehrlich und klar denkt, dann müßt ihr zugeben, daß diese innere Stimme euch nicht immer dazu rät, nur euer Vergnügen zu suchen.

Diese innere Stimme gibt uns im Gegenteil manchmal den Rat, vernünftiger, beherrschter zu sein, und manchmal weist sie uns sogar zurecht: »Warum treibst Du solchen Unfug? Weshalb hast Du Dich so hinreißen lassen? Jetzt bereust Du es...« Zwar spricht uns diese Stimme seltener und leiser an, aber sie ist da, man kann es nicht leugnen.

Es kommt einfach daher, daß auch sie die Stimme der Natur ist, aber die der höheren Natur, während die andere der niederen Natur angehört. Beide Naturen existieren im Menschen nebeneinander, und jede von ihnen versucht, sich zu manifestieren. Darüber sollt ihr euch im klaren sein.

Wenn Menschen und sogar Schriftsteller und Philosophen sagen, man solle der Natur folgen, sich ihren Gesetzen unterwerfen, machen sie sich von diesem Wort *Natur* keinen sehr genauen Begriff. Jedesmal wenn sie sich dafür rechtfertigen wollen, daß sie ihren Trieben gehorchen und ihren Versuchungen unterliegen, berufen sie sich auf die

Natur. Das kann ihre Handlungsweise aber nicht rechtfertigen; sie gehorchen zwar ihrer Natur, aber ihrer niederen Natur, und ihrer höheren Natur schenken sie kein Gehör, denn auch sie spricht zu ihnen, aber sie wollen ihre Stimme nicht hören.

In der christlichen Tradition heißt es, daß der Mensch sein ganzes Leben lang von einem lichtvollen und einem dunklen Geistwesen begleitet wird. Das lichtvolle Geistwesen, der Engel, steht auf seiner rechten Seite und bemüht sich, ihm mit Ratschlägen beizustehen, damit er nicht vom rechten Weg abkommt. Das dunkle Geistwesen, der Dämon, steht auf seiner linken Seite und versucht, ihn durch trügerische Versprechen auf Abwege zu führen: »Nur los! So sieht die Liebe aus! Da findest Du Erfolg und Glück!...« und der Mensch – naiv wie er ist – läßt sich verführen, bis er endlich einsieht, daß er vom rechten Weg abgekommen ist.

Wenn ihr mich nun fragt: »Ist das wirklich wahr? Begleiten uns immer ein Engel und ein Dämon?« antworte ich euch, daß die Dinge vielleicht nicht ganz so aussehen. Der Engel und der Dämon sind Sinnbilder. Um den einfachen Menschen, die von der niederen und höheren Natur sicher nichts begriffen hätten, die Dinge verständlicher zu machen, haben die Eingeweihten in der Vergangenheit diese Begriffe personifiziert. In Wirklichkeit gibt es außerhalb von uns weder ein Geistwesen, das uns nach rechts zieht, noch eines, das uns nach links zieht. In unserem Inneren geht der ganze Prozeß vor sich; dieses Hin und Her zur niederen oder zur höheren Welt spielt sich in uns ab.

Wenn ihr deshalb glaubt, ihr hättet schlecht gehandelt, weil eine böse äußere Kraft euch dazu getrieben hat, stimmt das in Wirklichkeit nicht. In euch selbst ist etwas vorhanden, das euch dazu treibt, solchen Einflüssen nachzugeben, eine äußere Beeinflussung ist dazu gar nicht nötig. Paßt also auf, wenn Wünsche in euch wach werden, lernt zu unterscheiden, ob sie von der niederen oder höheren Natur stammen und wohin sie euch führen.

Die Jugend soll sich nicht einbilden, sie werde – was sie auch tun mag – weiterhin frisch, kräftig und gesund bleiben. Ja, ich weiß, sie hat den Eindruck, daß ihr alles möglich sei, daß sie gegen alles gefeit sei, daß sie unverwundbar und unsterblich sei. Leider dauert dieses Gefühl nicht lange an, und die Realität holt uns bald ein. Diese Realität bedeutet Abnutzung, Kräfteverfall, Depression, weil man nicht ungestraft alle Dummheiten machen kann. Alles, was man tut, hinterläßt innerlich unauslöschliche Spuren. Hat man die kostbarsten Energien und Materialien in allerlei Ausschweifungen vergeudet, dann kann man nicht einfach wieder von vorne anfangen, frisch und munter. Man verwelkt schnell, und wenn man nicht mehr so gut aussieht und nicht mehr voller Leben ist wie früher, wird man weniger geschätzt und allmählich beiseite geschoben, das ist normal. Und dann wird daraus die Folgerung gezogen, Altwerden sei schrecklich.

Sicher ist es schrecklich, alt zu werden, für den, der alles getan hat, um im Alter gleichgültig, schlaff und abgestumpft zu sein. Auch wenn der Mensch schließlich vernünftig geworden ist und klarer sieht, hat er jetzt nur wenig davon. Es ist schon gut, wenn man endlich zur Vernunft kommt, aber diese Vernunft muß, um wirksam zu sein, von gewissen Faktoren unterstützt und ernährt werden. Wenn man keine Kraft mehr hat, kann man alles verstanden haben, was man will, es nützt nichts mehr. Man ist nicht einmal mehr imstande, den anderen die Früchte seiner eigenen Erfahrungen weiterzugeben.

Es stimmt schon, daß das Leben kurz ist und daß die bei der Geburt mitbekommenen Energien begrenzt sind. Für die Jugendlichen ist es ein Grund mehr, auf die Stimme der höheren Natur zu hören, ihre Energien nicht für Dummheiten und Nichtigkeiten zu verschwenden, sondern sie der Verwirklichung eines hohen Ideals zu widmen und damit sich selbst, der Gesellschaft und der ganzen Welt zu helfen. Statt sich überall wie Durchschnittsmenschen zu verhalten, werden sie etwas Subtiles, Reines, Lichtvolles ausstrahlen, das die anderen inspiriert und anregt und in ihnen den Wunsch nach Vervollkommnung weckt. Wenn sie sich so mit erweitertem Bewußtsein für ein hohes Ideal einsetzen, dann kommen sie umso schneller voran im Leben und werden immer lebendiger und ausdrucksvoller.

Selbstverständlich bringt das Alter Runzeln und weißes Haar mit sich, man wird auch schneller müde, die Geschmeidigkeit der Gliedmaßen läßt nach, die Sehkraft wird schwächer usw., aber was bedeuten schon diese physischen Einbußen im Vergleich zu den Schätzen, die man für seine Seele und seinen Geist gewinnen kann! Habt ihr eure Jugend vernünftig verbracht, so werdet ihr von allen geliebt, geschätzt – anstatt eure Umgebung in die Flucht zu schlagen, wie viele alternde Menschen, die verdrießlich und unangenehm werden. Jeder möchte euch sehen, weil ihr einer belebenden Quelle gleicht, einer brennenden Lampe, einem blühenden Garten oder einem Obstgarten voller Vögel und Früchte.

V

DEN RICHTIGEN WEG EINSCHLAGEN

In der Jugend steckt man voller Ehrgeiz und voller Pläne, das ist normal. Aber Vorsicht! Auch auf diesem Gebiet ist Wachsamkeit geboten, denn eure Zukunft wird durch eure Zielsetzung bestimmt. Wenn ihr beginnt, euch für ein Vorhaben zu interessieren, ist es schon, als würdet ihr eine festgelegte Richtung einschlagen. Und ihr müßt wissen, daß ihr zwangsläufig bestimmte Stationen durchlaufen werdet, bevor ihr zum Ziel gelangt. Deshalb ist es so wichtig, die Beziehungen und die Affinität zu kennen, die eure Wünsche zu diesem oder jenem Aspekt der physischen und psychischen Welt haben. Etwas zu planen ist schon so, als ob ihr euren Zug auf Schienen stellt, und wenn ihr nicht scharfsinnig und wachsam wart, als ihr euch entschieden habt, dann wird euch dieser Zug oft zu einem unerwarteten – und vor allem unerwünschten – Ort führen.

Wenn jemand zum Beispiel denkt: »Später will

ich mich durchsetzen, von niemandem verdrängen lassen. Ich werde der Stärkste sein, und wer versucht, sich mir zu widersetzen, der wird schon sehen!«, dann wird dieser Entschluß sich unvermeidlich auf seinen Charakter, sein Tun und seine zwischenmenschlichen Beziehungen auswirken. Er wird immer mißtrauischer, überheblicher, hartherziger, rachsüchtiger werden, und all sein Tun wird in eine Richtung zielen: auf Macht, Herrschaft, Gewalt... Er läuft Gefahr, sich zu verbrecherischen Taten hinreißen zu lassen, und ihr wißt genau, wo man in solchen Fällen landet! Aber auch derjenige, der nur Geld, Vergnügen oder Ruhm als Ziel vor Augen hat, stellt seinen Zug auf bestimmte Gleise und wird den Folgen seiner Entscheidung nicht entgehen können.

Lautet hingegen euer Entschluß: »Ich will mich für das Gute einsetzen, meinen Mitmenschen helfen, selbst wenn es mir keinen materiellen Vorteil, keine besondere Belohnung bringt«, was wird sich daraus für euch ergeben? Ihr entwickelt Güte, Geduld, Großzügigkeit. Ihr werdet nicht nur spüren, wie euer ganzes Wesen aufzublühen beginnt, sondern wie ihr auch eines Tages – aufgrund eurer Ausstrahlung – von allen geschätzt und geliebt werdet.

Nie bleibt ein guter Gedanke, ein edles Gefühl ohne Auswirkung, denn alles wird aufgezeichnet. Natürlich könnt ihr nicht erwarten, daß eure Umgebung das Gute, das ihr im Kopf und im Herzen habt, erkennt. Die Menschen sind nun einmal mit ihren eigenen Problemen beschäftigt. Man muß nachsichtig sein und es ihnen nicht übelnehmen. Eines sollt ihr aber wissen: schlagt ihr den richtigen Weg ein, dann wird alles Nützliche, alles Konstruktive, was ihr je getan habt, eines Tages zu guten Ergebnissen führen. Dieses Gesetz kennt keine Ausnahme.

Sehr früh also muß man sich der Bedeutung der eigenen Entscheidungen bewußt werden. Schlagt ihr eine falsche Richtung ein, weil diese euch momentan angenehmer und aussichtsreicher erscheint, dann werdet ihr eines Tages Schäden feststellen müssen. Wie oft habe ich erlebt, daß junge Leute, die nur nach ihrem eigenen Dickkopf handeln wollten, sich bei mir beklagten: »Nichts ist so gelaufen, wie ich es erhoffte. Welche Enttäuschung! Wenn ich es nur geahnt hätte!« Wer ist dafür verantwortlich? Ich hatte sie gewarnt.

Und wieviele Erwachsene wissen am Ende ihres Lebens nichts anderes zu sagen als: »Wenn ich das gewußt hätte!...« Sie sind einem Scheinglück, *ihrem Glück*, nachgelaufen... Und oft kann man nicht einmal leugnen, daß sie scheinbar erfolgreich gewesen sind; sie sind angesehene Politiker, siegreiche Generäle, anerkannte und gefeierte Künstler geworden und führten ein erfolgreiches Leben, auf das jeder neidisch ist. Doch müssen auch sie am Ende ihres Lebens zugeben, daß das, was sie sich in ihrem Innersten gewünscht hatten, ganz anders aussah, als das, was sie erreicht haben.

Die Jugendlichen wollen alles selbst entdecken und bilden sich ein, daß die Erwachsenen, die ihnen zu Wachsamkeit und Urteilsfähigkeit raten, ihnen nur die Erfüllung ihrer Wünsche vorenthalten möchten. Das mag für einige Erwachsene gelten. Warum haben aber die Jugendlichen nicht genug Urteilsvermögen, um zu erkennen, daß ein Weiser oder ein Meister ihnen nur rät, von gewissen Plänen oder Entscheidungen abzusehen, damit sie wirklich konstruktive, segenbringende Vorhaben beginnen, die ihnen niemals Enttäuschungen und Bitternis bringen werden.

Könnte man sich ohne Gefahr überall hinwagen, glaubt ihr, ich wäre so dumm, meine Zeit mit Ermahnungen zu Einsicht und Wachsamkeit zu vergeuden? Ich würde euch sagen: »Los Kinder, laßt euren Begierden freien Lauf, und ihr bekommt alles, was ihr euch wünscht – Vergnügungen, Bequemlichkeiten, Erfolg usw.« Und ich selbst würde euch als erster zeigen wie das geht. Leider – oder vielmehr zum Glück – liegen die Dinge nicht so.

Wenn Ingenieure zum Beispiel eine Rakete bauen müssen, studieren sie zuerst gründlich das Projekt, und das ist erforderlich, denn es gibt eine Unzahl von Faktoren zu berücksichtigen, von den Materialien, deren Gewicht und Widerstandsfähigkeit bis hin zur Flugbahn der Rakete im Weltraum und der Treibstoffversorgung. Sie wissen, daß der geringste Fehler sich katastrophal auswirken kann. Die Vorbereitungen bis zum Abschuß erfordern manchmal jahrelange Berechnungen, Überlegungen und Experimente, aber alle sind sich darüber einig, daß diese Vorarbeiten unumgänglich sind. Geht es aber darum, sich in den »Raum« des Lebens vorzuwagen, dann stürzen sich die Menschen kopfüber hinein, ohne Überlegung, ohne Vorbereitung, überzeugt von ihrem Erfolg! Das ist unglaublich! Die Vorsichtsmaßnahmen, die für eine Maschine als unerläßlich gelten, halten sie für sich selbst für überflüssig! So fällt man blinden Kräften zum Opfer, und dann ist es aus mit der Freiheit.

Deshalb sage ich zu den Jugendlichen: »Vorsicht! Versucht jedesmal zu erkennen, was ihr riskiert, wenn ihr jedem inneren oder äußeren Drängen nachkommt, das euch begegnet. Wenn manche mir ihren Kummer, ihre Enttäuschungen und negativen Erfahrungen anvertrauen, stelle ich mit Verblüffung fest, wie leicht sie sich haben hinreißen lassen. Man bietet ihnen Alkohol an, und sie trinken, man reicht ihnen Drogen, und sie nehmen sie einfach an. Sie kommen zufällig mit unbekannten Jugendlichen zusammen und schon am selben Abend schlafen sie miteinander... von anderen, gefährlicheren Abenteuern wie Schwarzhandel, Diebstahl usw. ganz zu schweigen. Sie haben den

Eindruck, auf diese Weise das Leben zu entdecken... Aber im Leben gibt es andere Dinge zu entdecken!

Die Jugendlichen haben es eilig, sich in allerlei Experimente zu stürzen, bei denen sie ihre Frische, ihre Freude am Leben und sogar ihre Gesundheit einbüßen. Und sich die Finger ein bißchen zu verbrennen genügt ihnen nicht, einige fangen immer wieder an, bis nicht mehr als ein Häufchen Asche von ihnen übrigbleibt. Dann gibt es Arbeit für die Ärzte, Psychiater und Psychoanalytiker. Die Jugendlichen glauben, sie würden auf diese Weise *das Leben kennenlernen.* Sagt man ihnen, es gäbe noch andere Erfahrungen zu machen, bei denen sie Ausgeglichenheit, Harmonie und Frieden entdecken, sind sie natürlich nicht dagegen. Sie glauben aber, daß sie mit diesen Erfahrungen noch Zeit haben und daß sie zuerst alle Vergnügungen, alle Abenteuer – sogar die gefährlichsten – auskosten müssen. Mein Gott, die Armen! Wie können sie sich einbilden, anschließend noch zu einer wirklichen inneren Arbeit fähig zu sein, nachdem sie all ihre physischen und psychischen Kräfte vergeudet haben?

Wenn im reifen Alter die Leidenschaften etwas nachlassen, bedeutet das keineswegs, daß sie durch eine spirituelle Tätigkeit ersetzt werden. Um sich einer solchen Aktivität zu widmen, darf der Mensch nicht durch vorangegangene Ausschweifungen und Exzesse ermüdet und lustlos sein, sonst ist er nur noch fähig, ein paar Bücher zu lesen, um daraus Zitate anzuführen: »Moses sagte..., Buddha sagte..., Jesus sagte...« Darin besteht dann sein spirituelles Leben! Und das, was Moses, Buddha oder Jesus sagten, vermag er natürlich nicht in die Tat umzusetzen. Ich aber gebe den Jugendlichen den Rat, die Lehre der großen Weisen und Eingeweihten sehr früh im Leben ernst zu nehmen, und sich für das übrige mit Zitaten zu begnügen. Es gibt in der Weltliteratur so viele Romane, Theaterstücke usw., die ihnen zeigen, was menschliche Leidenschaften sind und wohin sie die Menschen führen, die sich darauf einlassen! Dort ist alles ausführlich geschildert, man braucht nur zu lesen; es ist gar nicht notwendig, viele teure, folgenschwere Erfahrungen selbst zu machen, um sie kennenzulernen. Ihr seht also, es gibt ein Leben, das man leben sollte, und ein anderes, für das man sich mit Zitaten begnügen kann.

Ich weiß wohl, was ich euch sage, spricht euch nicht besonders an, es ist sogar das Gegenteil dessen, was euch gefällt, weil der Mensch so beschaffen ist, daß er auf Abenteuer erpicht ist, neugierig auf Erfahrungen, die in ihm den Eindruck erwecken, intensiver zu leben. Aber versucht trotzdem, meinen Ratschlägen zu folgen. Am Anfang wird es euch schwerfallen, ihr werdet euch begrenzt fühlen, als wäre euch die Erforschung bestimmter Gebiete untersagt. Aber im Laufe der Jahre, wenn ihr erkennt, was das spirituelle Leben wirklich ist, die Schönheit, die Vielfalt, die Intensität der Erfahrungen, die man auch dort machen kann, dann werdet ihr eure Anstrengungen nicht bereuen und nicht den Eindruck haben, ihr hättet etwas entbehrt, im Gegenteil. Ihr werdet mir danken, denn ihr werdet feststellen, daß ich euch nicht belogen habe.

VI

STUDIEREN GENÜGT NICHT, UM DEM LEBEN EINEN SINN ZU GEBEN

In mancher Hinsicht ist die Lage der jungen Leute, die studieren schon sehr beneidenswert, sie bringt aber zugleich manche Gefahr mit sich. Die Studenten haben das Glück, daß sie sich durch ihr Wissen intellektuell bereichern und dabei gleichzeitig zu Diplomen kommen, mit denen sie ihren Lebensunterhalt verdienen und sich eine Stellung in der Gesellschaft sichern können. Sie laufen aber Gefahr, das, was sie in den Schulen und an der Universität gelernt haben, so ernst zu nehmen, daß sie nicht darüber hinaus gehen wollen. Studieren ist nützlich, notwendig, es ist sogar unerläßlich, aber das wirkliche Verständnis des Lebens liegt nicht in der Ansammlung intellektuellen Wissens. Damit bleibt man an der Oberfläche der Dinge haften, ohne den tieferen Sinn zu finden, und darin liegt der größte Mangel, den diese Art von Studium aufweist.

So viele Studenten stehen nach ihrer Studienzeit ratlos, verwirrt und leer da. Das, was sie gelernt haben, war nur dazu gut, ihr Gehirn vollzustopfen, Zweifel und Verwirrung in ihnen hervorzurufen. In Geschichte, Geographie, Chemie und Biologie bewandert zu sein, ist gut; aber dadurch wird die Jugend weder glücklicher noch ausgeglichener. Die Verantwortlichen für das Schulwesen kommen nicht aus dem Staunen, wenn sie sehen, daß die Jugendlichen, trotz aller Bemühungen, ihre Arbeitsmöglichkeiten zu verbessern, weiterhin Drogen nehmen, rebellieren und sich willenlos treiben lassen.

Nehmen wir als ganz einfaches Beispiel die Chemie. Während des Chemiestudiums lernen die Studenten alles über die Beschaffenheit der unterschiedlichen Substanzen, ihre Eigenschaften und die Bedingungen, wie Temperatur oder Proportionen, unter denen sie sich verändern können. Das ist gut und recht, was kann ihnen das aber nützen, wenn sie nicht wissen, daß das innere Leben denselben Gesetzen gehorcht? Sie haben keine Ahnung davon und bilden sich ein, daß alles, was sie sich wünschen, so oder so in Erfüllung gehen wird, egal wie, unter welchen Bedingungen und egal welche Elemente (Gedanken, Gefühle, Wünsche) sie in sich aufnehmen. Eben nicht, Gedanken, Gefühle, Wünsche sind wie chemische Elemente, auch sie haben genauso unterschiedliche Eigenschaften und ihr Aufeinandertreffen, ihre

Verbindung, ruft genauso vielfältige Reaktionen hervor. Die physische und die psychische Welt werden von denselben Gesetzen regiert. Und für unsere Ausgeglichenheit, unsere Entfaltung, ist es wichtiger, die psychische Chemie zu kennen, sonst läuft man Gefahr sich zu vergiften, zu verbrennen, Explosionen auszulösen usw...

Die Jugendlichen sollen studieren, sofern sie begabt sind und Lust dazu haben. Aber sie müssen wissen, daß alles, was man ihnen beibringt, nur einen Teil ihrer Wünsche befriedigen kann. Studieren ist nützlich, um über geeignete Kenntnisse zu verfügen, aber innerlich brauchen die Studenten eine göttliche Philosophie, etwas wie einen Ariadnefaden, der ihnen ermöglicht, sich im Labyrinth der Kenntnisse zu orientieren und zurechtzufinden. Diese göttliche Philosophie wird ihnen auch helfen, sich nicht von allen geistigen Strömungen, die von Zeit zu Zeit in den intellektuellen Kreisen auftreten, mitreißen zu lassen. Nach einiger Zeit werden diese Strömungen doch von anderen abgelöst, die ihrerseits dann auch verschwinden. Es sind Modeerscheinungen. Denn alle Systeme, die nicht auf einer tiefen Erkenntnis der Natur- und Lebensgesetze beruhen, bestehen nicht lange.

Die Studenten können alles lesen, auf allen Gebieten der Wissenschaft und der Literatur, in allen philosophischen Systemen bewandert sein... warum nicht, wenn sie dazu fähig sind! Kenntnisse stellen Materialien und Schätze dar, warum soll man sie nicht erwerben? Doch man muß sich in acht nehmen vor den Schlußfolgerungen, die die Wissenschaftler und Philosophen aus allen ihnen zur Verfügung stehenden Materialien gezogen haben. Wenn nach langen Studien- und Forschungsjahren die großen Denker und berühmten Professoren euch sagen, sie seien zu dem Schluß gekommen, daß das Universum ein Zufallsergebnis sei, daß es in der Schöpfung keine Ordnung gebe, daß Seele, Moral und Religion Erfindungen seien, mit welchen man Schluß machen müsse und daß die Erde einem Schlachtfeld gleiche, auf dem jeder mit Zähnen und Krallen kämpfen müsse, um nicht vom Nachbarn verschlungen zu werden usw., dann hört ihnen aus Neugier zu, wenn ihr Lust habt, laßt euch aber nicht davon beeinflussen. Übrigens, wie oft haben sich im Laufe der Jahrhunderte die Schlußfolgerungen der Wissenschaftler und Philosophen geändert! Warum soll man also sein Leben auf einer so unbeständigen Basis aufbauen? Alle erworbenen Kenntnisse sollen uns zu Gott hinführen, uns den Sinn des Lebens offenbaren. Wozu dienen sie denn, wenn sie uns von Gott und dem Sinn des Lebens trennen? Es ist besser, sie beiseite zu lassen.

Allzu oft beklagen sich Studenten bei mir: »Ich weiß nicht mehr aus noch ein, ich glaube an nichts mehr...« Was habe ich dann für eine Mühe, ihnen wieder auf den richtigen Weg zu helfen! Diese Verwirrung spiegelt sich in ihrem Verhalten wider, sie sind bereit, alle möglichen Dummheiten zu machen. Ja, wenn man meint, die Welt sei nur absurd, unsinnig und chaotisch, dann kann man sich ruhig alles Mögliche erlauben! Manchmal wirkt sich diese Einstellung sogar auf ihre Gesundheit aus, denn die Unordnung, die im Kopf entsteht, breitet sich am Ende im ganzen Organismus aus. Den Jugendlichen sage ich also: »Vorsicht, ihr bekommt da etwas aufgeladen, unter dessen Last ihr zusammenbrechen könnt, falls ihr nicht wißt, wie ihr es durch andere Elemente ausgleichen und verdauen könnt. Das Gehirn und das Nervensystem sind nicht so sehr darauf vorbereitet, den Druck dieses schwerverdaulichen Wissens zu ertragen; sie müssen durch ein anderes Wissen gestärkt werden.*

Aber versteht mich nicht falsch! Wenn ich die Intellektuellen und die Bedeutung, die man dem Hochschulstudium beimißt, kritisiere, dann nicht deshalb, weil ich die Intellektuellen lächerlich oder bösartig und die Studien nutzlos oder schädlich finde. Nein, was ich bemängele, ist die Neigung zu glauben, das Studium und die intellektuellen Arbeiten seien der Gipfel der Erkenntnis, so als gäbe es darüber hinaus nichts mehr. Die kosmische

* Siehe: »La science de la vie«, Broschüre Nr. 315
(in französischer Sprache).

Intelligenz hat den Menschen mit einem Intellekt ausgestattet, damit er davon Gebrauch macht, und das tut er auch, wenn er Nachforschungen und Untersuchungen, Messungen und Vergleiche anstellt. Das ist in Ordnung, aber der Intellekt ist ein unzulängliches Instrument. Der Bereich, den die Menschen damit erforschen können, ist begrenzt und oft sogar widersprüchlich. Deshalb müssen sie ihre Forschungsarbeiten auf den Bereich der Seele und des Geistes ausdehnen, sonst fühlen sie sich weiter hin- und hergeworfen, immer verunsichert und unzufrieden.

Also daß das ein für allemal klar ist! Obgleich mir die Mängel des Hochschulunterrichts auf der ganzen Welt bekannt sind, habe ich den Jugendlichen niemals geraten, ihr Studium aufzugeben. Im Gegenteil, ich ermuntere sie weiter zu machen, denn ich weiß noch, wie mein Meister, Peter Deunov, mir gegenüber handelte. Bevor ich ihn kennenlernte, hatte ich das Gymnasium verlassen, weil ich dachte, die Einweihungswissenschaft, die ich in Büchern entdeckt hatte, übertreffe alles, was ich bisher gelernt hatte. Für mich zählte nur noch die Einweihungswissenschaft, Atem- und Konzentrationsübungen, Meditation, Beten, Fasten usw. Das war natürlich völlig unvernünftig. Meine Freunde, und vor allem meine Mutter, waren sehr um mich besorgt, aber ich wollte auf niemanden hören.

Dann begegnete ich Meister Peter Deunov. Er ließ mich eine Zeitlang gewähren und sagte dann eines Tages zu mir: »Du mußt wieder auf die Schule gehen und Deine Abschlußprüfung machen!« Ich war wie vom Blitz getroffen. Fünf Jahre zuvor hatte ich alles liegenlassen, und jetzt mußte ich drei Jahre nachholen. Ich war fünf Jahre älter als die anderen. Für mich war das eine demütigende Prüfung, denn ich hatte den Eindruck, wieder zu den Kindern zu gehören.

Ich hätte allein lernen und mich zur Prüfung melden können. Aber nein, der Meister verlangte, daß ich wieder auf das Gymnasium ging, und ich mußte mich auf dieselben Schulbänke setzen wie diese Jungen, die so viel jünger waren als ich! Ich will euch nicht die komischen Situationen schildern, in die ich geriet, aber es kam auch zu freundschaftlichen Beziehungen mit Schulkameraden, denn sie sahen bald, daß ich – dank meines Alters – auf bestimmten Gebieten eine größere Erfahrung hatte. Sie sprachen gern mit mir und stellten mir Fragen über allerlei Themen.

Schließlich bestand ich das Abitur und dachte, jetzt aufhören zu dürfen... Aber nein, ich war noch nicht am Ende meiner Leiden, denn der Meister sagte zu mir: »Jetzt mußt Du zur Universität gehen!« Au weh! Für mich, der sich nach ganz anderen Dingen sehnte, bedeutete das noch weitere Qualen. Aber ich habe dem Meister doch gehorcht.

Mir war klar, daß ich seinem Rat folgen mußte, ob es mir gefiel oder nicht, weil er besser voraussehen konnte als ich, was für meine Zukunft gut war. So vergingen noch einige Jahre mit Studien, ich bereitete mich auf Prüfungen in Psychologie, Philosophie und Pädagogik vor und belegte gleichzeitig ein paar Vorlesungen in wissenschaftlichen Fächern, weil es mich interessierte. Als ich alle Diplome hatte, dachte ich mir: »Mein Gott! Hoffentlich verlangt der Meister jetzt nicht von mir, bis zum Doktor weiter zu studieren!« Zum Glück hat er das nicht verlangt. Und so habe ich es nicht bis zum Doktor gebracht!

Das alles soll euch klarmachen, daß man studieren kann, ohne dabei das Wesentliche einzubüßen. Niemals habe ich den Jugendlichen von ihren Studien abgeraten, im Gegenteil, ich habe sie immer dazu ermuntert und manche sogar dazu veranlaßt, ihre Studien wieder aufzunehmen, wenn sie damit aufgehört hatten. Ich sage nur, daß man einige Vorsichtsmaßnahmen treffen muß, um nicht vom rechten Weg abzukommen oder aus dem Gleichgewicht zu geraten.

Bevor ich auf die Universität kam, war ich schon in die Unendlichkeit der Seele und des Geistes eingetaucht, und das hat mich geschützt. Ich kam durch die Studienjahre hindurch wie eine Ente, die einen Teich durchschwimmt. Ich war *eingeölt*, ja, mein Gefieder war eingefettet. Ich habe diese Studienjahre nie bereut, denn ich war gespannt zu sehen, was ich lernen konnte. Tatsächlich habe ich vieles gelernt, das ist wahr, aber ich habe mich von der Mentalität all dieser mehr oder weniger weisen und erleuchteten Autoren und Professoren nicht beeinflussen lassen. Das Licht der Einweihungswissenschaft war stets gegenwärtig in mir.

VII

DER CHARAKTER IST WICHTIGER ALS ALLES WISSEN

Wenn Gelehrte und gebildete Menschen auf Schwierigkeiten stoßen, erwartet man von ihnen, daß sie mit Maß und Vernunft reagieren. Aber in den meisten Fällen reagieren sie nicht so. Eine Lappalie versetzt sie in bemitleidenswerte zornige oder depressive Zustände, und sie haben weder die Kraft noch den Willen, diesem Zustand abzuhelfen. Ihre ganze Bildung und Gelehrsamkeit hilft ihnen nichts. Selbst wenn man es für wünschenswert hält, daß die Jugend studiert und Diplome erwirbt, so muß man doch einsehen, daß die Formung des Charakters wichtiger ist als die Anhäufung von Kenntnissen.

Denn das Wesentliche ist nicht, Lehrer, Ingenieur oder Volkswirtschaftler zu sein, sondern zu leben. Und zum Leben, zur Bewältigung aller Lebensumstände, ist es wichtig, den Charakter zu stärken. Sonst versagen die jungen Menschen, wenn sie in das Alter kommen, wo man mit

Schwierigkeiten konfrontiert wird, denn sie haben nur in der abstrakten Bücherwelt gelebt und sind nicht in der Lage, die Realitäten des Lebens zu ertragen.

Das ist um so mehr der Fall, als die Studenten, die nicht vernünftig sind, sich oft in der letzten Minute auf die Prüfung vorbereiten. Wie viele Jungen und Mädchen verbringen den größten Teil des Jahres damit, sich zu treffen, um miteinander zu diskutieren und alles andere zu tun als zu studieren! Einen Monat vor der Prüfung fangen sie endlich an, Tag und Nacht zu arbeiten. Vielleicht gelingt es ihnen auch, auf diese Weise durchzukommen, aber um welchen Preis! All diese Anstrengungen in der letzten Minute zerrütten ihr Nervensystem; deshalb sind sie dann so verwundbar, weil sie nicht entsprechend dem Gesetz des rechten Maßes gearbeitet haben. Gewiß, sie haben das Diplom erhalten, aber die Unausgeglichenheit wird sich in der Folge im Leben auswirken, und es wird ihnen nicht gelingen, auch die Verantwortung tragen zu können, zu der sie ihre Diplome berechtigen.

Wie vielen solchen gebildeten, immer schwachen, unschlüssigen, allen Ereignissen ausgelieferten Menschen bin ich begegnet. Sie haben Bücher gelesen und zitieren daraus, mehr nicht. Aber was nützt es, sich mit fremden Federn zu schmücken? Was sie persönlich verwirklicht haben, das müssen sie zeigen. Wenn sie dazu nicht imstande sind, sollen sie ihr Bücherwissen sein lassen und sich endlich dem Wesentlichen widmen, nämlich am eigenen Charakter zu arbeiten.

Die Leute sind wirklich sonderbar. Werden sie von einem unausstehlichen Menschen geplagt, dann klagen sie: »Wie böse ist er! Er hat einen schrecklichen Charakter!«, oder »Wie schwach ist er, er hat keinen Charakter!« Auf einmal vergessen sie, daß dieser Mensch an vier oder fünf Universitäten promoviert, an die dreißig Bücher verfaßt hat usw. Sie sehen nur noch seinen Charakter. Erst wenn sie selbst gestochen, gebissen, mißhandelt oder enttäuscht werden, begreifen sie, wie wichtig der Charakter ist. Bis dahin haben sie die intellektuellen Fähigkeiten über alles gestellt. Nun ist die Zeit gekommen, die Charaktereigenschaften wieder an die erste Stelle zu setzen.

Intellektuelles Wissen kann den Charakter nicht verändern, denn es dringt nicht in Tiefen des menschlichen Wesens, es bleibt an der Oberfläche. Und da die Studenten außerdem nur für ihr Diplom gelernt haben, vergessen sie nur allzu gern das Gelernte! Nichts Äußerliches vermag einen Menschen wirklich umzuwandeln, dazu ist ein anderes Element unerläßlich. Selbst wenn ihr Bücher über Spiritualität und Moral lest, die Bibel, den Koran usw., werdet ihr euch kein bißchen ändern, solange ihr eurem Leben nicht ein anderes Element, nichts Psychisches, Spirituelles, hinzufügt.

Die wahrhaftige Wandlung kommt einzig und allein durch euren eigenen Willen, eure eigene Entscheidung zustande, durch euren Wunsch, die guten Kräfte und Eigenschaften wachzurufen, die der Schöpfer euch mitgab.

Deshalb braucht die Jugend nicht so sehr gelehrte Professoren, sondern spirituelle Lehrer, die ihr offenbaren, was das Leben eigentlich ist und wie es gelebt werden soll, damit die Kräfte, die guten Eigenschaften und die Begabungen, die in ihr schlummern, sich in ihrer ganzen Fülle manifestieren können. Bis dahin geht die Jugend einen schlüpfrigen Weg, und da reichen einige Bücher oder ein paar Diplome nicht aus, um sie im Gleichgewicht zu halten. Im Leben hängt das innere Gleichgewicht vom Charakter ab, nicht vom Wissen. Es gibt Menschen, die kaum lesen oder schreiben können und doch eine außerordentliche Weisheit an den Tag legen. Wenn diese Weisheit, dieses Verständnis nicht angeboren ist – was tatsächlich sehr selten ist –, muß man sie sich mit einer bestimmten Methode und bestimmten Übungen aneignen.

Selbstverständlich werden die armen Studenten sagen, sie seien nicht daran schuld, sie hätten bei den verschiedenen Fächern, den Lehrinhalten und Diplomen kein Wort mitzureden gehabt. Ich weiß das sehr wohl, und es gäbe vieles zu ändern. Besonders notwendig ist es aber, dem Studium eine andere Zielsetzung zu geben, denn wem oder wozu dient dieses Wissen, das die Studenten an der Universität erwerben? Wie viele werden sich ihrer Verantwortung bewußt und sagen sich: »Mit all diesem Wissen muß ich nun Gutes tun, den anderen helfen. Ich bin nicht der einzige, dem es nützen soll.« Selbst die Ärzte – glaubt ihr denn, sie hätten ihren Beruf immer aus Selbstlosigkeit gewählt? Und die Anwälte?... Und die Chemiker, Ingenieure, Volkswirtschaftler, Journalisten? Stellen sie ihre Kenntnisse wirklich in den Dienst ihrer Mitmenschen? Es ist ihnen egal, ob sie die Natur verschmutzen, Waffen herstellen, Menschen ruinieren, sie zu katastrophalen Unternehmungen verführen oder in Verruf bringen. Was sie anstreben, ist Erfolg, Ruhm, Komfort, Vergnügungen...

Solange man ausschließlich der Ausbildung des Intellektes und nicht der Formung des Charakters den Vorrang gibt, werden die in der Schule und an der Universität erworbenen Kenntnisse für die Jugendlichen nur Mittel sein, es um jeden Preis in der Gesellschaft zu etwas zu bringen, die anderen zu betrügen und wegzudrängen, aber niemals, um sich selbst zu wandeln, um Wohltäter der Menschheit zu werden. Wenn sie ehrgeizig, furchtsam, hochmütig, sinnlich, geizig sind, werden sie es auch bleiben. Wir aber bieten eine andere Schule an, in der man lernt, die menschliche Natur kennenzulernen, den eigenen Charakter zu ändern, sich zu wandeln, sich zum Wohl der ganzen Welt zu bessern. Für eine solche Schule wird es leider nicht viele Kandidaten geben, denn es ist schwieriger, an sich selbst zu arbeiten, als ein paar Bücher aufzuschlagen und ihren Inhalt anschließend zu wiederholen.

Wie lange braucht man, um ein Diplom zu erlangen? Drei Jahre, fünf Jahre... sieben oder noch mehr für die Ärzte; und das scheint schon eine lange Zeit zu sein. Aber um geduldig, gütig, großzügig, weise zu werden, sind nicht ein paar Jahre, sondern einige Jahrhunderte nötig. Von Menschen erteilte Diplome zu bekommen, ist leicht, aber um moralische Eigenschaften zu entwickeln braucht man Jahrhunderte, mehrere Inkarnationen. Warum also unterschätzt man die guten Eigenschaften, die ein Mensch durch eine so lange Arbeit erworben hat?

Studieren an sich macht die Menschen nicht besser. Im Gegenteil, oft macht es sie richtig gefährlich für die anderen. Welche segensreiche Quelle bedeutet dagegen alles Wissen in den Händen von Menschen, die an ihrem Charakter gearbeitet haben und entschlossen sind, es nicht zum eigenen Nutzen anzuwenden, sondern zum Wohl der Allgemeinheit!

VIII

ERFOLG WIE MISSERFOLG MEISTERN

Die Jugendlichen wollen unbedingt unabhängig sein, sie beklagen sich, daß man ihnen ihre Freiheit nimmt; zugleich aber verlangen sie, daß man dauernd an sie denkt, ihnen beisteht und Geld zur Verfügung stellt, daß man an ihrer Stelle handelt oder arbeitet. Wollen sie aber wirklich frei sein, dann müssen sie lernen, sich nicht so sehr auf die Hilfe anderer zu verlassen. Jeder hat seine eigenen Sorgen und Probleme, so kommt es, daß man einen Tag an euch denkt und euch am nächsten vergißt... Und selbst wenn die ganze Welt bereit ist, euch zu helfen, werdet ihr spüren, daß euch noch etwas fehlt. Warum? Weil euch die anderen das, was ihr wahrhaftig braucht, nicht geben können, ihr selbst müßt euch darum bemühen. Was ihr wirklich braucht, ist, vernünftiger, stärker, geduldiger, klüger zu werden, mit anderen Worten, freier zu werden, und nur ihr allein könnt das durch eure eigenen Anstrengungen erreichen.

Wenn man jung ist wünscht man sich gerne Bequemlichkeit, Erfolg und Reichtum, auf Kosten aller anderen Zielsetzungen. Und dann merkt man eines Tages, daß Scharfsinn, Charakterstärke, Geduld, Lauterkeit und Güte eigentlich die kostbarsten Errungenschaften sind. Dank dieser Eigenschaften kann man sich den unvermeidlichen Schwierigkeiten des Lebens stellen, während man ohne sie Gefahr läuft, daß sogar die größten Erfolge zu Katastrophen werden. Ja, glaubt nicht, daß günstige Verhältnisse, Bequemlichkeiten und Erfolg unbedingt das Allerbeste seien, es sind oft Fallen für alle, die an diesen moralischen Eigenschaften nicht gearbeitet haben.

Schaut euch die Jungen und Mädchen an, die ganz jung von einem Tag auf den anderen berühmt werden, die Schauspieler, Sänger, Sportler usw. Plötzlich ist ihr Foto in den Zeitungen, sie ernten Beifall und werden von der Masse vergöttert, bekommen allerlei verlockende Angebote – und schon haben sie Geld, Ruhm, alle Bequemlichkeiten und Vergnügungen. Aber wie endet oft dieses »Glück«? In Mißerfolg, Depression, Selbstmordversuchen – man kennt das alles.

Ja, man muß wirklich stark, sehr stark sein, um dem Erfolg standhalten zu können, sonst wird man von der Masse verschlungen, von Menschen in Abenteuer aller Art hineingerissen, die sich darauf verstehen, solche Situationen auszunützen. Außerdem ist der Erfolg so launisch! Heute seid ihr in aller Munde und morgen schon vergessen, weil andere Gesichter ins Blickfeld gerückt sind. Ich hatte Gelegenheit, Jugendlichen zu begegnen, die so etwas erlebt hatten. Sie wurden mir von ihrer Familie, ihren Freunden geschickt, damit ich ihnen aus ihrer Verwirrung heraushelfe. Sie taten mir wirklich leid, denn sie begriffen nicht einmal, was mit ihnen geschehen war.

Die Schlußfolgerung: Man muß lernen, über Erfolg und Mißerfolg zu stehen, nicht so sehr an das zu denken, was von außen auf euch zukommt an Schwierigkeiten oder Vorteilen, Verlusten oder Gewinnen, sondern an euch selbst zu arbeiten. Dank dieser Arbeit werdet ihr nicht nur fähig, trotz schlechter Verhältnisse erfolgreich zu sein, sondern vor allem nicht Gefahr laufen, einen Erfolg in eine Katastrophe zu verwandeln. Habt ihr das verstanden? Verliert also nicht mehr so viel Zeit mit Klagen, Ansprüchen und Forderungen, sondern arbeitet und seid euch dabei bewußt, daß alle Möglichkeiten in euch selbst liegen. Was geschieht dann? Zuerst werdet ihr natürlich stärker und fähiger, den Widerwärtigkeiten und Prüfungen des Lebens zu trotzen. Da diese Arbeit zu guten Ergebnissen führt, spüren allmählich alle Menschen in eurer Umgebung und auch alle anderen, mit denen ihr zusammenkommt, daß etwas Gutes, Beständiges, Lichtvolles von euch ausgeht. Dann schätzen sie euch immer mehr und vertrauen euch, und alles bessert sich für euch.

Auf allen Gebieten soll man sich nicht zu sehr auf äußerliche Errungenschaften und Erfolge verlassen, denn alles Äußere ist vergänglich, es kann euch nicht wirklich gehören, zuletzt entgleitet es euch. Arbeitet an euch, damit ihr innerlich stark und reich werdet, in eurem Herzen, eurem Intellekt, eurer Seele, eurem Geist, damit alles Erworbene euch in alle Ewigkeit gehört. Da liegt die wirkliche Freiheit, die wahre Unabhängigkeit.

Und seid nie mit dem zufrieden, was ihr schon verwirklicht habt, sondern bemüht euch, immer weiter voranzukommen. Ja, denn jung sein heißt, den Wunsch in sich hegen, weiter zu kommen.

IX

ERKENNT, WONACH SEELE UND GEIST STREBEN!

Immer öfter hört man Menschen sich beklagen, daß ihnen etwas fehle. Es fehlt ihnen etwas, aber sie wissen nicht was. Also verlangen sie materielle Verbesserungen. Man fragt sich wirklich, was ihnen wohl fehlen könnte, denn man sieht ihnen an, daß sie alles Notwendige haben. Ja, man kann alles haben und immer noch unzufrieden sein! Wenn man ihnen auf der Straße oder sonst irgendwo begegnet, fällt einem auf, was für mürrische, sorgenvolle, bekümmerte Gesichter sie haben. Sie strahlen nichts aus, wie Menschen, die das Wesentliche – den Sinn des Lebens – erkannt haben. Sicher, einige, die vom Leben noch nicht geprüft oder noch nicht mit der Wirklichkeit des Daseins konfrontiert wurden, lächeln und sind noch heiter. Müssen sie aber ständig in dieser Atmosphäre von Unzufriedenheit leben, werden auch sie am Ende davon angesteckt.

Viele versuchen durch Entspannung, Zerstreuung und Vergnügungen etwas dagegen zu unternehmen, aber selbst dann spürt man, daß sie dieses Gefühl von Unbehagen nicht überwinden können. Sie versuchen, die anderen und sich selbst zu täuschen, indem sie vorgeben, glücklich zu sein. Aber sie werden nie glücklich sein, solange sie nicht begreifen, was ihre wahren Bedürfnisse sind und wie sie diese befriedigen können.

Wie jedes Geschöpf hat der Mensch Bedürfnisse, die er befriedigen muß. Diese Bedürfnisse charakterisieren ihn sogar, denn sie sind eng mit dem Leben verbunden. Ja, leben heißt, verschiedenartige Bedürfnisse befriedigen – das Bedürfnis zu atmen, sich zu ernähren und zu schützen, zu lieben und geliebt zu werden, reich zu werden und kreativ zu sein... Es gibt nichts als Bedürfnisse! Was die Menschen voneinander unterscheidet, ist nur das Gebiet, die Ebene, wo jeder sie zu befriedigen sucht. Wer glaubt, die innere Fülle auf der materiellen Ebene finden zu können, wird über kurz oder lang enttäuscht sein, denn die Vernachlässigung der Bedürfnisse von Seele und Geist läßt eine Leere entstehen, die durch nichts ausgefüllt werden kann. Der Mensch wird dann nicht nur enttäuscht sein, sondern auch ständig in Konflikt geraten mit all denen, die denselben Bedürfnissen den Vorrang geben. Und das sind viele.

Solange die Menschen dem Besitz von Gegenständen, Autos, Häusern, Grundstücken, hohen Stellungen oder von einem Ehemann, einer Ehefrau und Kindern so viel Bedeutung beimessen, geraten sie weiterhin unaufhörlich in Streit miteinander. Denn alles, was sich auf der physischen Ebene erwerben läßt, ist quantitativ beschränkt, und es kann unmöglich die ganze Welt im Überfluß leben. Damit meine ich nicht, daß die ganze Welt nicht glücklich sein kann. Doch! Sie kann es, aber Glück bedeutet eben nicht Überfluß. Auf der materiellen Ebene genügt sehr wenig, um glücklich zu sein, vorausgesetzt man begreift, daß man sich bemühen muß, seine Bedürfnisse auf die psychische Ebene zu lenken und weiter auf die spirituelle Ebene, wo die Möglichkeiten grenzenlos sind. Dort kann jeder nach Belieben essen und trinken, ohne mit dem Nachbarn in Streit zu geraten oder befürchten zu müssen, daß man ihn seiner Errungenschaften beraubt.

Es gibt immer Möglichkeiten, spirituelle Bedürfnisse zu befriedigen, eben weil sie spiritueller Natur sind, und der Geist allumfassend, frei und unbegrenzt ist, jenseits aller materiellen Gegebenheiten. Man kann euch einen Ehrentitel oder eine hohe Stellung in der Gesellschaft verweigern, aber niemand kann euch daran hindern, euch als ein Sohn oder eine Tochter des göttlichen Vaters und der göttlichen Mutter zu fühlen. Man kann euch den Besitz eines Grundstückes von ein paar Hektar streitig machen, aber das Betrachten des grenzenlosen Himmels kann euch niemand verwehren, und wenn ihr es versteht, die Unendlichkeit zu betrachten, werdet ihr eine innere Fülle empfinden, die euch selbst der Besitz der ganzen Welt nicht verschaffen könnte.

Auch ist es besonders wichtig zu lernen, wie man lieben soll, ohne besitzen zu wollen! Weshalb? Zunächst weil es nicht sicher ist, ob der geliebte Mensch eure Liebe erwidert – dann seid ihr unglücklich. Und vielleicht möchten mehrere denselben Menschen für sich erobern, und aus so einer Situation können endlose Rivalitäten entstehen, die manchmal ein böses Ende nehmen. Gebt ihr euch aber damit zufrieden, einfach zu lieben und euch über eure Liebe und den Elan zu freuen, die sie euch verleiht, um euch mit der Welt der Schönheit und des Lichtes zu verbinden, ohne das geliebte Wesen an euch reißen zu wollen, dann fühlt ihr euch immer beglückt und inspiriert.

Versteht mich richtig, ich sage nicht, daß ihr auf jeglichen Besitz oder auf die Gründung einer Familie verzichten müßt, um euch der Kontemplation des Himmels hingeben zu können. Was ich behaupte, ist folgendes: auch wenn man etwas besitzt oder einen Menschen liebt, ist es wichtig zu lernen, den spirituellen Bedürfnissen den Vorrang zu geben, ein höheres, subtileres Bestreben in sich wachzurufen und zu befriedigen, denn nur so findet ihr die Lösung eurer Probleme. Und diese Lösung wird nicht nur für eure privaten Angelegenheiten, sondern auch für alle politischen, wirtschaftlichen und sozialen Probleme gültig sein, die die ganze Menschheit verwirren, denn sie werden ungelöst bleiben, solange man nicht begriffen hat, daß die spirituellen Bedürfnisse erweckt und befriedigt werden müssen, um die materiellen Bedürfnisse ins Gleichgewicht zu bringen und zu beherrschen. Zu behaupten, man arbeite für Gerechtigkeit und Frieden, nützt nichts, solange man sich nicht bemüht, ein wirklich spirituelles Leben zu führen, denn man wird dann selbst egoistisch und unehrlich handeln oder die anderen auf diese Weise handeln lassen.

Manche werden einwenden: »Diese spirituellen Bedürfnisse, von denen Sie sprechen, haben wir nicht. Wir spüren nicht, daß wir eine Seele und einen Geist haben, die nach irgend etwas verlangen.« Aber ich sage euch, daß ihr euch irrt! Dieses Verlangen ist verborgen in euch wie in jedem Menschen, denn jeder hat eine Seele und einen Geist, die Bedürfnisse haben, und diese können nicht durch rein materielle, physische Dinge befriedigt werden. Wenn ihr diese höheren Bedürfnisse nicht spürt, kommt es vielleicht daher, daß ihr sie durch ein materialistisches Leben ohne Ideal zum Schweigen gebracht habt. Aber diese Bedürfnisse sind da und manifestieren sich manchmal bei den Menschen, ohne daß diese deren Sprache verstehen. Glaubt ihr, daß die Jugendlichen, die nach Drogen greifen und vielleicht die Erwachsenen, die sich angesichts dieser Situation die Haare raufen, verstehen, daß die Drogensucht ein kläglicher Hilfeschrei der Seele ist, die nach ihrer Nahrung verlangt? Was bleibt denn der Seele anderes übrig, wenn aller Glaube an die göttliche Welt zerstört worden ist und man ihr wirtschaftlichen oder sozialen Erfolg als Ideal anbietet? Da man ihr spirituelle Nahrung verweigert, die für sie unerläßlich ist, um sich in den Raum aufzuschwingen, sucht sie diese Nahrung auf der materiellen Ebene in Form von Alkohol, Tabak, Drogen... Ja, das ist eine Folge des Materialismus, über die man nicht genug nachgedacht hat. Gibt man der Seele die spirituelle Nahrung nicht, die sie braucht, dann versucht sie sich mit materieller Nahrung zu helfen, und es kommt zur Katastrophe!

Die Menschen werden nicht mehr lange in aller Ruhe ein mittelmäßiges materialistisches Leben weiterführen können. Die Schwierigkeiten und Leiden, die sie unvermeidlich auf dem Weg erwarten, werden sie zwingen, die Bedürfnisse von Seele und Geist zu berücksichtigen. Deswegen solltet ihr nicht länger zögern! Statt euren Blick nach unten zu richten, in der Hoffnung, etwas zu erbeuten, blickt hinauf zu den spirituellen Regionen, sie sind da, sie warten, daß ihr Verbindung mit ihnen aufnehmt, um euch mit ihren Gaben zu überschütten.

X

DIE GÖTTLICHE WELT IST UNSERE INNERE WELT

Wenn der Mensch die Verbindung mit der göttlichen Welt vernachlässigt, schneidet er sich von seinen Wurzeln ab und verliert den Sinn des Lebens. Das sollte euch klar sein. Die göttliche Welt ist kein fremdes Land außerhalb von euch, das ihr ohne Folgen ignorieren könnt, ohne daß das Konsequenzen für euch nach sich zieht. Die göttliche Welt ist eure innere Welt, die Welt eurer Seele und eures Geistes. Brecht ihr die Verbindung mit ihr ab, dann beraubt ihr euch der Hilfsquellen, die für euer Leben am notwendigsten sind.

Durch die Prüfungen und Schwierigkeiten des Lebens finden manche instinktiv zu dieser höheren Realität zurück. Aber das genügt nicht. In jedem Augenblick des täglichen Lebens sollte sich der Mensch der Gegenwart dieser reichen und mächtigen Welt in sich bewußt sein, aus der er ununterbrochen geistige Reserven – Kraft, Mut, Inspiration usw. – schöpfen kann. Deshalb ist die heute übliche materialistische Lebensauffassung eine verbrecherische Auffassung, deren katastrophale Auswirkungen auf die Jugend man immer deutlicher sieht, denn sie entzieht den Jugendlichen alles, was ihrem Leben einen Sinn geben könnte.

Was manche auch davon halten: wenn man während der Erziehung der jungen Leute die Wirklichkeit von Seele und Geist bewußt macht, zeitigt es andere Ergebnisse, als wenn man ihnen diese grundlegenden Begriffe vorenthält. Für sie werden die Ereignisse des Lebens einen anderen Verlauf nehmen. Oder besser gesagt, sie werden dieselben Schwierigkeiten, dieselben Hindernisse auf ihrem Weg vorfinden wie alle anderen. Da sie aber über Mittel, Kräfte und Fähigkeiten verfügen, die denen, die die Verbindung mit der göttlichen Welt abgebrochen haben unbekannt sind, werden sie in Situationen, wo die anderen wanken und nachgeben, den Mut verlieren oder Schleichwege einschlagen, vorwärtskommen, sich bessern und für ihre Umgebung eine Stütze, ein Licht sein.

Das ist derart leicht zu verstehen! Stellt euch vor, ihr hättet gerade den Stecker eines Backofens, einer Lampe, des Radios, des Ventilators, oder eines Heizkörpers in die Steckdose gesteckt... – und schon könnt ihr die Geräte einschalten. Oder füllt den Tank eures Autos... – und schon könnt ihr eine lange Reise unternehmen. Zieht ihr aber den Stecker heraus oder ist der Tank leer, dann seid ihr in allem lahmgelegt. Nun, die meisten Menschen sind in diesem Zustand, sie haben alles ausgesteckt, ausgeschaltet, leergefahren, und selbstverständlich fühlen sie sich dann behindert, lahmgelegt. Für sie ist alles leer, und das Leben hat keinen Sinn mehr. Sie sagen es übrigens selbst, und das ist normal: im Kopf mancher Menschen kann das Leben nur sinnlos sein. Wie kommt es aber, daß dasselbe Leben im Kopf anderer Menschen so wunderbar sinnvoll ist?... Das Leben spiegelt wider, was der Mensch ist. Wenn ihr sagt, es sei schön, dann bedeutet das, daß ihr selbst schön seid. Und wenn ihr denkt es sei unsinnig und häßlich, erkennt ihr euch dann nicht auch ein wenig in diesem Spiegel wieder?...

Das Leben ist unser Abbild. Wir sehen darin nur das, was wir in uns tragen. Deswegen finden wir kein Leben, das einem anderen gleicht. In Wirklichkeit bleibt das Leben stets dasselbe... immer die gleiche Unbekannte! Man weiß nicht, was das wahre Leben eigentlich ist. Das Leben, von dem man spricht, ist noch nicht das wahre Leben, es bietet kaum einen blassen und verschwommenen Widerschein davon. Wieviele Menschen sagen: »Tja, mein Lieber, so ist das Leben!« Da ist ein kranker, unglücklicher Mann, er hat alles verloren, seine Frau betrügt ihn, und was sagt er dazu? »So ist das Leben!« Über alles, was negativ ist, sagt man: »So ist das Leben!« Aber von welchem Leben ist da die Rede? ... Es gibt solche und solche Leben, das der Kröte, des Wildschweins, des Krokodils oder das der Taube, des Engels...

Man sagt: *Das Leben* und meint zu wissen, wovon man spricht, weil man sich einbildet, alle Welt verfüge über denselben Grad und dieselbe Qualität von Leben. Nein, spricht jemand vom Leben, dann spricht er nur von seinem Niveau aus und urteilt lediglich nach seinen eigenen Lebenserfahrungen. Aber das Leben in seiner ganzen Fülle, seiner Größe, seiner Unermeßlichkeit, das kennt man nicht, man kann sich ihm nur nähern. Und man nähert sich, wenn man fähig ist, die Verbindung mit der Welt der Seele und der Welt des Geistes wiederherzustellen.

XI

WARUM WIRD MAN IN DIESE ODER JENE FAMILIE HINEINGEBOREN?

Sicher haben die Jugendlichen manchmal recht, wenn sie die Auffassungen und die Lebensweise ablehnen, die ihnen die Familie aufzwingen will. Das bedeutet aber nicht, daß sie selbst immer etwas Besseres finden, denn der Wunsch allein ist dafür nicht ausreichend. Für einen jungen Menschen ist es sehr schwierig, den Weg allein zu finden. Und es besteht noch ein anderes Risiko, denn die Jugendlichen, die ihre Eltern ablehnen, wenden sich anderen Erwachsenen zu, die weder besonders erleuchtet noch ihnen wohlgesonnen sind und sie in gefährliche Abenteuer hineinziehen. Auch wenn die Eltern ihrer Aufgabe nicht immer gewachsen sind, ungeschickt und selbstsüchtig mit ihren Kindern umgehen und sie unterdrücken, lieben die meisten sie doch und wollen das Beste für sie. Leider gilt das aber für zahlreiche Menschen nicht, die bereit sind, die Leichtgläubigkeit und Naivität der Jugendlichen auszunützen, um eigene

Bedürfnisse nach Prestige, Herrschsucht und Geld zu befriedigen.

Deshalb sage ich der Jugend: »Vorsicht! Versucht euch nicht gegen eure Eltern aufzulehnen und habt es nicht so eilig, sie zu verlassen, in der Hoffnung anderswo etwas Besseres zu finden. Wenn ihr euch in diese Familie – und nicht in eine andere – inkarniert habt, dann hat das einen Grund. Das Schicksal hat es eben so gewollt, denn ihr habt da etwas zu lernen, zu erkennen. Im Universum gibt es eine Gerechtigkeit, eine absolute Intelligenz, die mit größter Genauigkeit, entsprechend eurer Verdienste, bestimmt hat, unter welchen Bedingungen, in welcher Zeit, in welchem Land und welcher Familie ihr euch inkarnieren mußtet. Klagen eurerseits nützen nichts und werden nichts ändern. Ihr müßt euch in diese Situation fügen und arbeiten und euch für die nächste Inkarnation bessere Lebensbedingungen verdienen.«*

Wieviele Menschen machen ihre Eltern für ihre Mißerfolge verantwortlich! Wenn ein Mann sagt: »Mein Vater war ein Säufer, meine Mutter eine Furie, sie verprügelten sich gegenseitig und auch mich, gaben mir kein Essen und keine Kleidung, ich besaß keine Schulbücher, deshalb bin ich

* Siehe: *Die Reinkarnation*, Broschüre Nr. 312.

im Leben gescheitert, meine Eltern sind daran schuld«, dann werden alle zustimmen: »Ja, das ist wahr, der Arme kann nichts dafür, er hat ja in seiner Jugend so schlechte Bedingungen gehabt.« Dem Anschein nach sind die Eltern dafür verantwortlich, denn auf der physischen Ebene muß immer jemand die Verantwortung tragen. Aber in Wirklichkeit ist der wahre Schuldige dieser Mann selbst. Denn er hat sich solche Bedingungen in früheren Leben selbst geschaffen. Sich selbst also, und nicht seinen Eltern, sollte er Vorwürfe machen. Hätte er es anders verdient, hätte er sich in eine Familie mit rücksichtsvollen Eltern inkarniert, die ihm die besten Bedingungen gegeben hätten.

Deshalb bin ich nicht mit denen einverstanden, die die Frechheit und Unverschämtheit der Jugendlichen für gerechtfertigt halten, weil diese angeblich so viel klüger seien als ihre Eltern, diese verachten und sich ihnen widersetzen. Man begegnet manchmal ganz außergewöhnlichen Kindern, das ist wahr, aber solche Fälle kommen höchst selten vor, und es stimmt nicht, daß die meisten Jugendlichen genial sind und das Recht hätten, sich gegen dumme Eltern aufzulehnen.

Wenn ein Kind – ich wiederhole es – in diese oder jene Familie geboren wurde, dann gibt es einen Grund dafür. Da es nun einmal da ist, ist es zu spät für Verurteilung und Kritik. Wenn dieses Kind wirklich so genial ist, warum hat es sich dann in eine dumme Familie inkarniert? Es gibt gute Gründe dafür, und es liegt an ihm, nachzudenken und sie zu erkennen. Es ist in diese Familie gekommen, um eine *Lehre* zu absolvieren, weil es Dinge gibt, die es lernen muß, und so lange muß es seine Eltern akzeptieren. Später wird man weitersehen. Wenn das Kind einmal in dieser Familie ist, darf es sie nicht gleich ablehnen. Erst wenn es wirklich den Beweis erbracht hat, daß es überlegen ist, kann es machen, was es will, aber nicht eher!

XII

LERNT AUS DEN ERFAHRUNGEN DER ÄLTEREN

Die Jugendlichen sind voller Unschuld, Eifer, und haben das Bedürfnis nach einem Ideal, das sie dazu bringt, sich gegen die Erwachsenen aufzulehnen, denn sie finden diese heuchlerisch, unmoralisch, kleinlich oder ohne Energie. Aber die Jugend dauert nicht ewig, und junge Menschen verlieren schnell die Eigenschaften, die den ganzen Reiz der Jugend ausmachen, wenn sie nicht an sich arbeiten, um sie zu bewahren. Ja, anstatt die Mängel der Erwachsenen ständig zu kritisieren, sollten die Jugendlichen sie genau beobachten, erforschen und sich sagen, daß auch sie selbst später dieselben – wenn nicht noch schlimmere – Fehler haben werden, falls sie nicht wachsam sind und sich gehenlassen. Außerdem wäre es für sie viel besser, wenn sie versuchten, den Erwachsenen mehr Verständnis entgegenzubringen.

Die Jugendlichen sollten sich sagen, daß die Erwachsenen viele Lebenserfahrungen hinter sich haben, auf Hindernisse gestoßen sind und manche Probleme gelöst haben, sie haben also bewiesen, daß sie bestimmte gute Eigenschaften besitzen. Aber nein, die Jugendlichen benehmen sich, als wäre vor ihnen nie etwas Gutes getan worden. Es ist leicht zu kritisieren, wenn man noch auf keine wirklichen Schwierigkeiten im Leben gestoßen ist und selbst noch nicht bewiesen hat, wozu man eigentlich fähig ist. Die Jugendlichen vertrauen etwas zu sehr auf ihre Fähigkeiten, sie kennen die menschliche Natur noch nicht und haben keine Ahnung von den Begierden und Leidenschaften, die bald auch in ihnen wach werden. Also, erst einmal sollten sie aufhören, die Erwachsenen zu kritisieren und sich über sie lustig zu machen – diese haben getan, was sie konnten. Denn wenn sich die Jugendlichen weiterhin so schlecht benehmen, dann werden sie scheitern, das kann ich ihnen im voraus sagen, wenn ich sehe, wie sie sich verhalten. Es ist für mich ganz klar, was mit ihnen geschehen wird. Viele haben mich schon gefragt: »Wie haben Sie denn voraussehen können, was mit mir geschehen würde?« – »Das war doch offensichtlich!«

Solange man sich die Dinge nur vorstellt oder über sie spricht, kann man sich leicht einbilden, man werde erfolgreicher sein als die anderen. Aber das ist ein großer Irrtum, und man ahnt die vielen Gefahren und Fallen der Existenz nicht. Deswegen sage ich euch: »Vorsicht! Wieviele Menschen haben ein Fiasko erlebt, und doch waren sie intelligenter und stärker als ihr!« Sicher habt ihr Kraft und Willensstärke, aber ihr müßt noch etwas weiser und vernünftiger werden. Seid sogar bereit, die Erwachsenen, so als wären sie ältere Geschwister, manchmal um ihre Meinung und ihre Mitarbeit zu bitten: »Was halten Sie von diesem Problem? Wie könnte man diesen oder jenen Plan verwirklichen?« Und ihr werdet merken, daß die Dinge nicht so einfach sind, wie ihr glaubt.

Warum wollt ihr alles, was vor euch gemacht worden ist, nicht erforschen und berücksichtigen? Der Bereich eurer eigenen Erfahrungen und Beobachtungen ist viel zu begrenzt, als daß ihr die Dinge klar sehen könnt. Ihr werdet einwenden, daß auch die Erwachsenen oft Menschen und Situationen beurteilen, ohne wirklich zu versuchen, sie zu verstehen. Ja, das stimmt, und wenn sie es tun, so deshalb, weil ihnen dieses schlechte Verhalten schon von Jugend an zur Gewohnheit geworden ist. Nun versucht wenigstens ihr, durch Forschung und sorgfältige Beobachtungen euren Horizont zu erweitern, um die beste Richtung einschlagen zu können. Dann zieht eure eigenen Schlußfolgerungen und macht eure eigenen Erfahrungen. Ihr werdet fragen: »Wie kann man diese Studien anstellen? Wir können niemals alle Erfahrungen der früheren Generationen machen!« Es geht nicht darum, alles kennenzulernen, sondern die Erfahrungen auszuwählen, die am geeignetsten sind, euch auf den Weg der Güte, der Gerechtigkeit, der Großzügigkeit und des Edelmutes zu führen. Denn da werdet ihr den Sinn des Lebens finden.

Man entwickelt sich, indem man sich vor allem darum bemüht, Irrtümer zu vermeiden. Nehmen wir den Fall eines Jugendlichen, der Chemiker werden möchte. Zuerst studiert er die Arbeiten aller Forscher, die zum Aufbau der Wissenschaft der Chemie beigetragen haben. Hat er sie sich einmal angeeignet, dann hindert ihn nichts daran, selbst weiterzuforschen und Neues zu entdecken, denn jetzt verfügt er über alle notwendigen Grundlagen. Nun stellt euch denselben Fall anders vor: statt zu studieren, verkündet der junge Mann:. »Ich brauche nicht zu wissen, was die anderen entdeckt haben, das ist ja nichts, ich werde allein zurechtkommen, meine Fähigkeiten und Beobachtungen werden schon ausreichen...« Der Arme! Er wird ein paar Jahre brauchen, um zu entdecken, daß ein Molekül Wasser aus einem Atom Sauerstoff und zwei Atomen Wasserstoff besteht... Und er wird nicht nur Jahre dafür brauchen, sondern er wird durch seine Versuche Explosionen verursachen, Giftstoffe freisetzen usw. Es ist also klar, daß er für sich selbst und für die anderen zu einer wirklichen Gefahr wird, und dabei ist es noch nicht einmal sicher, daß ihm die Herstellung eines einzigen Wassertropfens gelingt!

Das ist das Los all derer, die sich einfach ins Leben stürzen und sich dabei einbilden, daß sie sich nur auf ihr eigenen Fähigkeiten verlassen können. Sie werden sich und anderen die Köpfe einschlagen. Aber nachdem sie sich viele blaue Flecken und Beulen geholt haben, gelingt es den meisten von ihnen doch, ein paar Kenntnisse zu sammeln. Aber mit wieviel Schaden und Zeitverschwendung ist das verbunden! Ganz zu schweigen von denen, die völlig orientierungslos untergegangen sind.

In ihrem Elan sind die Jugendlichen durch und durch aufrichtig, das weiß ich. Lehnen sie aber jede Belehrung von den Älteren ab, dann wird es ihnen an der nötigen Aufklärung fehlen. Beides – Begeisterung und Aufklärung – wird also gebraucht. Habt ihr schon beobachtet, wie ein Schiff angetrieben wird? Dieses Beispiel habe ich oft angeführt, denn es veranschaulicht am besten das Gleichgewicht zwischen Trieb und Vernunft, das der Mensch anstreben soll. Im Rumpf des Schiffes ist der Treibstoff, der dieses antreibt. Ein paar Männer kümmern sich darum. Sie werden aber nicht ohne Information, ohne Anweisung, sich selbst überlassen. Da gibt es noch andere, die das Ganze überwachen, Berechnungen anstellen und den Umständen entsprechend Befehle erteilen, denn bei Sturm oder Windstille wird weder dieselbe Geschwindigkeit noch die gleiche Fahrtrichtung beibehalten. Sie müssen auf andere Schiffe, auf Riffe und Eisberge aufpassen... Nun, die Jugend ist oft mit einem Schiff vergleichbar, dessen Kessel voll siedenden Wassers ist, er sprüht und dampft und läuft auf vollen Touren... und schon prallt das Schiff gegen Felsen oder rammt andere Schiffe, und es endet mit einem Schiffbruch. Ja, so ist es, wenn kein Kapitän da ist, der alles beobachtet und die richtige Richtung einschlägt.

Im Laufe der Evolution hat der Mensch allmählich seine aufrechte Haltung erworben. Oben auf seinem Körper sitzt der Kopf. Und warum? Weil seine Funktion darin besteht, alle Kräfte und Energien zu kontrollieren, auszugleichen, zu lenken und zur Entfaltung des Menschen einzusetzen. Über diese Position des Kopfes beim Menschen kann man lange nachdenken. Aber die Jugendlichen benützen den Kopf einfach nicht oder verwenden ihn vielmehr dazu, um besser Dummheiten machen und hinterher Argumente zu deren Rechtfertigung finden zu können.

Auch ich war einmal jung, auch ich wollte handeln, mich manifestieren, zeigen, wozu ich fähig war. Was hätte ich aber ohne die Einweihungslehre, ohne einen Meister getan?... Es ist gefährlich, sich sorglos ins Unbekannte hineinzustürzen, ohne wenigstens etwas zu wissen über das, was einem begegnen kann. Man wird entgegnen, daß die Jugend die Gefahr nicht sieht. Ohne Furcht und ohne Angst stürzt sie sich in den Abgrund. Ich bin weniger tollkühn... Kühn werde ich erst, wenn alles klar vor mir liegt. Solange es nicht klar ist, bin ich vorsichtig und traue mich nicht weiter.

Nun will ich noch etwas sehr Wichtiges hinzufügen. Es stimmt zwar, daß die Jugendlichen die Erfahrungen der Älteren brauchen, damit sie nicht kreuz und quer umherirren. Aber nachdem sie den Weg gefunden und die besten Vorbilder vor Augen haben, müssen sie auf sich selbst zählen. Was sich die anderen erarbeitet haben, bleibt deren Eigentum. An den Jugendlichen ist es nun, ihre eigenen Erfahrungen zu machen.

Nehmen wir ein sehr einfaches Beispiel aus dem täglichen Leben. Ein hervorragender Koch hat euch das Rezept für ein Gericht gegeben, und ihr habt die notwendigen Zutaten aus den besten Geschäften geholt. Wenn ihr euch nicht entschließt, in die Küche zu gehen, um das Gericht zuzubereiten, habt ihr nichts zu essen. Und wenn das lange so weitergeht, verhungert ihr schließlich. Es stimmt also, daß jeder seine Erfahrungen machen und sich allein helfen muß, aber erst, wenn er über alle Elemente verfügt, damit diese Erfahrungen wirklich fruchtbar sind.

XIII

VERGLEICHT EUCH MIT SPIRITUELL HÖHERSTEHENDEN, UM VORANZUKOMMEN!

Es ist gut, wenn sich junge Menschen von Zeit zu Zeit bewußt werden, daß ihr Leben nicht ewig sorgenfrei sein wird und daß sie beginnen, sich auf die Verantwortung vorzubereiten, die sie als Erwachsene zu tragen haben. Ich habe der Jugend immer gesagt, daß sie sich vorbereiten soll. Man darf nicht warten bis die Probleme und Schwierigkeiten auftauchen, um sich zu fragen, wie man sie lösen kann. Dann ist es zu spät, denn man kann nicht über Nacht auf Situationen gefaßt sein, die man nie in Betracht gezogen hat und die Fähigkeiten von einem verlangen, die man nie angestrebt hat.

Es stimmt, oft sind die Erwachsenen an dieser Situation schuld. Entweder klagen sie über den Leichtsinn und die Sorglosigkeit der Jugendlichen, ohne sich klar zu machen, daß diese aufgrund ihres Alters und der mangelnden Erfahrung weder dieselbe Sichtweise noch dieselben Reaktionen haben können wie sie selbst. Oder aber sie sagen: »Sie sind noch jung, sie sollen sich amüsieren, sie werden sich früh genug mit ernsten Dingen beschäftigen...« Selbstverständlich darf sich die Jugend amüsieren und unterhalten, es ist aber auch gut, daß sie sich nicht ausschließlich mit dem beschäftigt, was ihrem Alter entspricht. Beide, Jugendliche wie Erwachsene, müssen sich also in dieser Richtung bemühen.

Die Jugendlichen müssen selbst spüren, wie sie ihre Auffassung der Dinge erweitern können, und Erwachsenen, Eltern und Lehrern und älteren Freunden Fragen stellen. Und die Erwachsenen ihrerseits dürfen die gestellten Fragen nicht in ein paar Minuten abhandeln, sondern müssen sich Zeit nehmen, um ordentliche Antworten zu geben. Sie müssen versuchen herauszufinden, welche Worte und Erklärungen zu einem bestimmten Zeitpunkt den Jugendlichen helfen könnten, wenn diese einem Ereignis oder einer Situation gegenüber, die sie nicht verstehen, innerlich unruhig oder übertrieben leichtfertig gegenüberstehen. Anschließend können sich die Jugendlichen wieder den ihrem Alter entsprechenden Beschäftigungen und Unterhaltungen zuwenden. Es ist aber gut, wenn sie von Zeit zu Zeit lernen, sich mit Problemen zu beschäftigen, die über den Alltag hinausgehen und daß sie lernen, weiterzudenken und die Zukunft vorzubereiten.

Was die Jugendlichen vor allem daran hindert Fortschritte zu machen, ist die Neigung zu denken, daß sie schon vollkommen sind, über alles Bescheid wissen und unfehlbar sind, bis eines Tages, nachdem sie schlechte Erfahrungen gemacht haben, der Vorhang zerreißt und sie einsehen, daß sie in Wirklichkeit nicht viel wissen. Das ist sehr gut, wenigstens kann man jetzt hoffen, daß sie den richtigen Weg einschlagen.

Eine der besten Methoden, um vorwärtszukommen, besteht darin, sich stets mit denjenigen zu vergleichen, die uns übertreffen, denn dieser Vergleich gibt uns den Anstoß weiterzugehen. Solange man sich mit mittelmäßigen oder minderwertigen Menschen vergleicht, ist man der Meinung, man sei besser und könne mehr als die anderen und bleibt bei dieser Meinung stehen. Da man schon so fortgeschritten ist, warum soll man sich weiterhin anstrengen? Wie viele Menschen sind in ihrer Entwicklung stehengeblieben, weil sie versäumten, sich mit höherstehenden Menschen zu vergleichen und sie als Vorbilder zu nehmen!

Ihr werdet einwenden, es gebe in eurer Umgebung keine Vorbilder für Sittlichkeit und spirituelle Größe, denen ihr nachstreben könntet. Seid ihr dessen so sicher? Angenommen, es sei tatsächlich der Fall, dann möchte ich euch darauf hinweisen, daß es nicht unbedingt notwendig ist, solche Menschen auf der physischen Ebene zu treffen; Bücher können euch dabei helfen. Ja, Bücher, die euch vom Leben und der Arbeit der Weisen und Heiligen, der Eingeweihten und großen Meister der Vergangenheit erzählen, davon gibt es viele! Lest sie, um zu erfahren, wie diese Menschen gewesen sind und was sie getan haben, und vergleicht dies mit dem, was ihr seid und was ihr verwirklicht habt!

Genau das habe ich in meinem sechzehnten Lebensjahr getan. Ich hatte Meister Peter Deunov noch nicht getroffen. Zu dieser Zeit wohnte ich in Varna und war auf der Suche nach jemandem, der mich leiten könnte. Ich ging in die Kirche, hörte den Popen und evangelischen Pfarrern zu, wie sie Stellen aus der Bibel zitierten, und sah mir dabei ihr Gesicht an. Mein Gott, wie weit weg sie doch vom wahren Leben waren! Aber ich las Bücher über das Leben außergewöhnlicher Menschen und Wohltäter der Menschheit und wurde dadurch angespornt, mich zu bessern, um sie nachahmen zu können.

Ich erinnere mich vor allem an ein Buch, das von der Existenz einer jahrhundertealten Bruderschaft im Himalaja berichtete, deren Mitglieder sich versammelten, um Licht über die ganze Welt zu verbreiten. Ich verband mich jeden Tag in Gedanken mit dieser Bruderschaft und empfing wunderbare Eingebungen... Findet ihr also in eurer

Umgebung keinen Menschen, der fähig ist, euch auf dem Weg zum Licht zu führen, dann hindert euch nichts daran, diejenigen zu suchen, die vor uns lebten, und euch geistig mit ihnen zu verbinden. Aber niemals könnt ihr euch damit rechtfertigen, weiterhin in Mittelmäßigkeit und Irrtum zu verharren unter dem Vorwand, ihr wäret nie jemandem begegnet, der euch hätte führen können. Wenn ihr aufrichtig seid und das Licht wahrhaftig sucht, werdet ihr auch jemanden finden. Nie hat der Himmel es zugelassen, daß ein Mensch sich verirrt, der aufrichtig versucht, sich zu bessern und den anderen nützlich zu sein.

Man sollte sich jeden Tag daran gewöhnen emporzublicken, mit anderen Worten, an alle Geschöpfe und Wesen zu denken, die uns an Intelligenz, Weisheit, Kraft, Schönheit und spirituellem Reichtum übertreffen, damit wir wirklich erleuchtet und inspiriert werden. Und ich möchte sogar hinzufügen, daß es nicht genügt, sich mit Menschen zu vergleichen, so erhaben sie auch sein mögen. Man sollte sich mit den Sternen, der Unendlichkeit, ja mit Gott selbst vergleichen. So wird man der eigenen Nichtigkeit und seiner Unzulänglichkeit gewahr, nicht um niedergedrückt zu werden, nein, sondern um zu spüren, wie ein neuer Elan in uns wach wird, um alle Hindernisse überwinden zu können.

Solange man den Blick nur auf die kleinen unbedeutenden und vergänglichen Dinge richtet, läßt der Elan unweigerlich nach und man hat kein Verlangen mehr, etwas Großartiges zu verwirklichen. Wenn man die Unterschiede zwischen den Menschen sieht, wenn man sieht, wie manche sich immer wieder angetrieben fühlen, etwas Außerordentliches zu leisten, während andere sich lediglich mit Nichtigkeiten beschäftigen, stellt man sich die Frage: »Warum gibt es solche Unterschiede? Woher kommt das?« Es ist ganz einfach. Die ersteren blicken immer empor, vergleichen sich mit all denjenigen, die sie übertroffen haben, und nehmen sie als Vorbilder, während sich die anderen bei ihren Vergleichen mit so niederen Ebenen zufriedengeben, daß sie sich selbst immer gut genug finden und nicht vorwärtskommen. Um sich weiterzuentwickeln, braucht man ein Vorbild, ein Modell, mit dem man sich vergleichen kann, und dieses Vorbild ist das Leben und die Lehre der reinsten, weisesten und edelsten Menschen.

Wenn ich euch nun rate, die erhabenen Menschen der Vergangenheit als Führer und Vorbilder zu nehmen, meine ich damit nicht, man solle sich in allen Punkten nach ihrer Lehre richten. Was man beibehalten soll, sind die Prinzipien. Die Formen aber, die dem Gesetz des Lebens folgen, müssen sich wandeln. Viele Mißverständnisse rühren von einer falschen Auffassung dieses Gesetzes her.

Manche wollen die ihnen überholt erscheinenden Formen ablehnen und lehnen gleichzeitig auch die Prinzipien ab. Wieder andere behalten die veralteten Formen bei, weil sie diese mit den Prinzipien verwechseln. Das Ergebnis ist, daß diejenigen, die die Prinzipien abschaffen wollen, dann keinen *Kompaß* mehr besitzen, um sich zu orientieren. Deshalb sagt man, sie seien desorientiert. Und diejenigen, die sich an die Formen klammern, erstarren und tragen nichts zur Gestaltung ihrer Epoche bei.

Es ist sehr wichtig, daß die Jugend das versteht, denn gerade sie verspürt das Bedürfnis, veraltete Formen loszuwerden. Und das ist gut so. Aber allzu oft lehnt sie die ewig gültigen Prinzipien ab. Ihr fragt: »Welche Prinzipien sollte man denn beibehalten?« Alle diejenigen, die die Vorherrschaft des Geistes betonen, das heißt Güte, Großzügigkeit, Liebe, Reinheit, Opferbereitschaft... Die Form, in der ihr sie ausdrückt, ist belanglos, da habt ihr freie Hand. Es steht euch aber nicht zu, die Prinzipien zurückzuweisen, denn sie sind ewig gültig.

XIV

DIE LIEBE UNTERSTÜTZT DEN WILLEN

Manchmal würdet ihr gern gewissen Versuchungen widerstehen, weil ihr spürt, daß ihr sonst in bedauerliche Abenteuer hineingezogen werdet. Aber trotz eures Wunsches gelingt es euch nicht, euch zu beherrschen, und ihr unterliegt der Versuchung. Warum? Weil ihr in euch die Liebe zu etwas Schönem, Großartigem nicht entwickelt habt, die sich euren Trieben entgegenstellen könnte. Hättet ihr diese Liebe entwickelt, dann könnte sie für euch kämpfen, euch die Möglichkeit geben, den Sieg davonzutragen. Mit dem Willen allein kann man nicht kämpfen, denn irgendwann kapituliert er. Es genügt nicht zu sagen: "Ich lasse mich nicht mitreißen, ich werde widerstehen..." Um einer Kraft widerstehen zu können, die euch nach unten zieht, müßt ihr von einer anderen Kraft unterstützt werden, einer Kraft, die euch zu einer erhabenen Welt emporhebt.

Sehe ich jemanden, der sich rühmt, Versuchungen widerstehen zu können, ohne daß er Liebe für die Welt des Lichts und für die Reinheit empfindet, dann kann ich ihm sagen: "Du hast keine Partner, keine Freunde, du wirst unterliegen. Willst du siegreich bleiben, so mußt Du in deinem Verstand, deinem Herzen und in deiner Seele das Edelste, das Erhabenste beherbergen, dann werden die dunklen Kräfte kapitulieren und Dir gehorchen müssen, weil Bewohner der göttlichen Welt in Dir wohnen." Das müßt ihr verstehen, wie wollt ihr sonst diesen uralten instinkthaften Kräften die Stirn bieten? Niemand kann sich ihnen widersetzen!

Wer unaufhörlich versucht, allein zu kämpfen, ist bald erschöpft, weil er gegen sich selbst kämpft, und dieser Zwiespalt macht ihn noch verwundbarer. Es ist sehr gefährlich, gegen sich selbst zu kämpfen. Der innere Feind bleibt nicht nur unbesiegt, sondern man geht letzten Endes dabei selbst zugrunde. Die Sittenlehren und die Religionen, die unaufhörlich den verbissenen Kampf gegen das Böse predigen, verkennen die wahre Psychologie. Man soll lernen zu siegen, aber ohne zu kämpfen. Wie ist das möglich? Ihr müßt andere Kräfte in euch bitten, an eurer Stelle zu kämpfen. Und diese anderen können nur lichtvolle Kräfte sein, die ihr durch eure Liebe für alles Schöne, Erhabene und Göttliche nährt. Statt eure Triebe direkt anzugreifen, was nur zu Erschöpfung oder Verdrängung führt, stellt ihr ihnen lichtvolle Kräfte entgegen, die sie auf ganz natürliche

Weise neutralisieren werden.

Vielleicht findet ihr, daß ich mir widerspreche, weil ich euch auch immer wieder sage, daß ihr den Willen und die Selbstbeherrschung noch nicht genügend entwickelt habt. Aber es gibt keinen Widerspruch, denn ich meine damit, daß ihr noch nicht begriffen habt, wie der Wille entwickelt und gestärkt werden soll. Der Wille muß von der Liebe unterstützt werden. Wenn ihr etwas nicht wirklich liebt, habt ihr keine besondere Lust, euch darum zu bemühen, und wenn ihr euch trotzdem dazu zwingt, erzielt ihr keine guten Ergebnisse, ihr seid dann zerstreut, nachlässig, ungeschickt oder sogar hart und schroff.

Das bedeutet selbstverständlich nicht, daß ihr den Willen nicht durch Übung stärken sollt. Im Gegenteil, es ist nützlich, Gelegenheiten zu ergreifen, bei denen ihr Selbstbeherrschung beweisen könnt, wenn ihr zum Beispiel lernt, Hunger, Durst, Hitze, Kälte und Müdigkeit zu widerstehen. Es geht natürlich weder darum, sich Entbehrungen aufzuerlegen noch darum, Yogis zu werden. Aber denkt über folgendes nach: Wer Hunger oder Durst spürt, stürzt im allgemeinen irgendwohin, um sofort etwas zum Essen oder Trinken zu finden, und klappt es nicht sofort, dann beschwert er sich, ist brummig und ärgert sich. Beobachtet euch selbst und die anderen, und ihr werdet feststellen, daß die

Menschen es in den meisten Fällen nicht ertragen, ihren Gelüsten oder Launen nicht gleich nachgeben zu können. Wie sollten sie dann Zorn, Eifersucht, Haß und sexuellen Wünschen widerstehen können? Auch wenn sie wissen, daß es in manchen Fällen besser wäre zu widerstehen, sind sie nicht fähig dazu, weil sie es nicht geübt haben.

Die jungen Leute müssen schon sehr früh damit anfangen, im Alltag nach Gelegenheiten zu suchen, bei denen sie lernen, sich zu beherrschen und stärker zu werden. Und ich möchte hinzufügen und betone es, daß der Anstoß dazu nicht von den Erwachsenen kommen soll. Die Jugendlichen müssen selbst ihren Willen stärken und manche einengenden Verhältnisse akzeptieren. Da haben natürlich Eltern und Lehrer eine wichtige Aufgabe zu erfüllen. Dabei geht es vor allem darum, die Jugendlichen in einer Art und Weise aufzuklären, daß diese erkennen, wie nützlich ihre Anstrengungen und Bemühungen sind. Nachher liegt es an den Jugendlichen, selbst herauszufinden, wie sie später auf dem Weg zur Selbstbeherrschung vorankommen. Ich sage nicht – denn schließlich hängt dies hauptsächlich vom Charakter der Jugendlichen ab – daß nicht manchmal ein paar Verweise und Verbote oder im Gegenteil einige Befehle notwendig sind, aber jede Art von Erziehung der Jugendlichen sollte darauf hinzielen, daß sie selbst die Vorteile erkennen, die Selbstbeherrschung mit sich bringt. Lernen, wie man sich beherrscht, ist für ihre Zukunft entscheidend.

Es ist also unerläßlich, den eigenen Willen zu stärken, man sollte dabei aber nie vergessen, daß es einem nur durch die Liebe zu etwas Erhabenem, zu einem hohen Ideal gelingt, seine Triebkräfte zu beherrschen.* Und was ist ein hohes Ideal? Ein Streben nach Schönheit, nicht nur nach physischer, materieller Schönheit, sondern nach spiritueller Schönheit, die aus Reinheit, Licht, Harmonie besteht. Ihr vertieft euch in diese Schönheit, seid von ihr angezogen und – ganz natürlich, ganz spontan, ohne euch dazu zu zwingen – wendet ihr euch von allem Schädlichen, Dunklen, Zügellosen ab. Diese Liebe zur Schönheit schützt euch wie ein wunderschönes Kleid, das ihr nicht beschmutzen möchtet.

Was macht ihr, wenn ihr schöne Kleider tragt, die ihr sehr gerne habt? Ihr stürzt euch nicht in Aktivitäten, die euch der Gefahr aussetzen, sie zu zerreißen oder schmutzig zu machen. Ihr paßt unwillkürlich auf eure Bewegungen auf oder auf den Platz, wo ihr euch hinsetzt. Wenn ihr euch vornehmt, den Sinn für die Welt der Schönheit und der Harmonie zu entwickeln und den Wunsch nährt, dieser Welt immer näherzukommen, dann werdet ihr spüren, wie sich allmählich eine Art

* Siehe Broschüre 307: *Das hohe Ideal*

feinstoffliches Gewand um euch webt, das ihr schützen möchtet, und auf diese Weise beschützt ihr auch euch selbst.

In den Heiligen Büchern wird oft die Rolle erwähnt, die einem kostbaren Gewand zukommt. Das ist symbolisch zu verstehen. Es stellt die Aura* dar, mit anderen Worten, die spirituelle Ausstrahlung des inneren Wesens. Im Alten Testament steht, daß Jakobs Söhne auf ihren Bruder Josef eifersüchtig waren, weil er einen prachtvollen Rock trug. Jedes Mal, wenn Moses von diesem Gewand spricht, erwähnt er dessen Mehrfarbigkeit, ein Beweis also, daß der Rock die Aura symbolisiert, deren reine, schillernde Farben den verschiedenen guten Eigenschaften und Tugenden entsprechen. Bemüht euch geduldig, dieses lichtvolle, farbige Gewand um euch zu weben. Das wird durch eure Liebe zur göttlichen Welt möglich, durch euren Wunsch, diese Welt möge sich durch euch offenbaren, denn nur mit der Hilfe dieses Gewandes könnt ihr allen Verführungen und Versuchungen ausgesetzt sein, ohne ihnen zu unterliegen. Aber täuscht euch nicht – ich möchte es wiederholen – glaubt nicht, daß ihr ohne ein hohes Ideal, ohne diese Waffen der Liebe und des Lichtes, den Sieg davontragen könnt.

* Siehe Band 219 der Reihe Izvor: *Geheimnis Mensch. Seine feinstofflichen Zentren und Körper*, Kapitel 2: *Die Aura*

XV

GEBT EUCH NIE GESCHLAGEN!

Gebt niemals widerstandslos bestimmten Neigungen oder schädlichen mentalen Gewohnheiten nach, sonst werdet ihr mit der Zeit ihr Gefangener. Sagt bloß nicht: »Ach! Ich werde mich schon rechtzeitig bessern und die Dinge wieder ins Lot bringen.« Damit macht ihr euch etwas vor, denn gerade wenn ihr beschließt, die gute Richtung wieder einzuschlagen, werden sich diese Neigungen am stärksten zeigen. Ja, will man sich einmal bessern, dann spürt man, in welchen Fesseln man liegt! Solange man sich der eigenen Versklavung nicht bewußt ist und nichts tun will, um diesem Zustand zu entkommen, fühlt man sich nicht geknechtet. Wenn man sich aber einmal befreien will, oh je, oh je!... Paßt also auf und verliert euch nicht in dem Glauben, es würde euch gelingen, im rechten Augenblick wieder Herr der Lage zu werden. Sicher, wenn ihr es wirklich wollt, werdet ihr natürlich Erfolg haben, aber mit wieviel Mühe und Kraftaufwand!

Schon von jung an muß man sich üben, den verschiedenen Situationen und Ereignissen des Lebens gegenüber eine richtige innere Einstellung anzunehmen. Wenn euch zum Beispiel etwas mißlingt, warum sich dann benehmen, als wäre alles verloren, als stürze die ganze Welt zusammen? Versucht euch im Gegenteil all dessen bewußt zu werden, was noch euer eigen ist: Gesundheit, Familie, Freunde... und dankt dem Himmel für diese Reichtümer. Stellt euch vor, was es bedeutet, gelähmt zu sein oder kein Zuhause, keine Nahrung und keine Eltern mehr zu haben... Statt also immer unter dem zu leiden, was euch fehlt, lernt doch, euch über das zu freuen, was ihr habt. Daß ihr eine Weile über eine Beleidigung, eine Enttäuschung oder einen Mißerfolg betrübt seid, ist normal. Es ist aber nicht entschuldbar, ständig über euren Kummer zu brüten und all das zu vergessen, worüber ihr glücklich und dankbar sein könnt. Mein Gott, reißt euch doch zusammen, sonst könnt ihr euch eines Tages von diesem Hang zur Traurigkeit nicht mehr befreien und werdet davon überwältigt.

Welche Art von Menschen ruft Achtung und Bewunderung hervor? Es sind diejenigen, die gekämpft, sich selbst übertroffen, Hindernisse überwunden, Prüfungen bestanden haben. Warum bewundern die Leute, und vor allem die jungen, die Sportler so sehr? Weil diese ständig bemüht sind, über sich selbst hinauszuwachsen. Selbst wenn es nur um Laufen, Springen, Schwimmen, Klettern geht, werden Selbstüberwindung, Ausdauer und Mut stets als großartige Eigenschaften angesehen. Lohnt sich also der Versuch nicht, dieselben Eigenschaften auch im täglichen Leben zu manifestieren? Anstatt all seine Energien nur darauf zu konzentrieren, schneller zu laufen und zu schwimmen, höher zu springen, einen Ball geschickter zu fangen und sicherer zu werfen, ist es nützlicher, sich zu sagen: »Künftig will ich in Schwierigkeiten mehr Geduld zeigen, Traurigkeit und Kummer überwinden und mich besser beherrschen.« Denn auch auf diesem Gebiet kann man große Leistungen erbringen und Siege erringen. Warum versucht ihr es nicht?

Die beste Methode, um vorwärtszukommen ist, sich selbst niemals den Weg zu versperren oder Grenzen anzuerkennen, wie es die meisten Menschen tun, die unaufhörlich denken oder sagen: »Diese Arbeit ist viel zu schwierig für mich«... »Welche furchtbaren Lebensverhältnisse! Das halte ich nie aus!«... Wenn man schon im voraus so fest davon überzeugt ist, daß man unfähig, schwach und verwundbar ist, kann man selbstverständlich nur kapitulieren. Man muß im Gegenteil sagen: »Ich werde alles ertragen, allem standhalten, alles überwinden.« Gelingt es einem noch nicht ganz, dann ist das nicht schlimm, das nächste Mal wird es schon besser gehen. Die Hauptsache ist, sich nie geschlagen zu geben, sich nie niederdrücken zu lassen.

Einem jungen Menschen fällt es natürlich schwer, innerliches Unbehagen zu bekämpfen, aber dafür gibt es Methoden. Fühlt ihr euch beunruhigt, geplagt, dann dürft ihr nicht dabei stehenbleiben, gegen diesen negativen Zustand anzukämpfen, denn es ist nicht sicher, daß dieser Zustand sich bessert. Ihr müßt dann andere Methoden finden. Sicher habt ihr schon einen Vogel gesehen, der Körner vom Boden aufpickt. Was macht er, wenn eine Katze herankommt? Wartet er, bis sie einander gegenüberstehen? Nein, denn der Vogel weiß, daß die Katze ihn verschlingen wird. Er fliegt weg. Warum haben das die Menschen nicht verstanden, was die Vögel schon längst wissen? Ihr werdet fragen: »Aber wie soll man wegfliegen?« Indem ihr euch durch eure Gedanken und Gebete in andere Regionen versetzt, wo Friede, Schönheit und Licht herrschen... bestimmte Bücher oder Musikstücke können euch dabei helfen, aber auch der Kontakt mit der Natur und vor allem die Arbeit mit der Vorstellungskraft.

Die Jugendzeit ist der Lebensabschnitt, in dem die Vorstellungskraft am aktivsten ist und in dem die Jugendlichen auch am wenigsten wissen, wie sie damit umgehen sollen. Ihren Empfindungen und Begierden folgend, lassen sie ihre Gedanken schweifen. Sie schwächen sich dabei, indem sie einen inneren Zustand von Verschwommenheit und Unklarheit in sich aufrechterhalten. Und keiner ist da, der sie vor den Auswirkungen der von Sinnlichkeit,

Niedergeschlagenheit oder Unzufriedenheit genährten Phantasie warnen könnte. Von einem träumenden Jugendlichen sagt man lächelnd, er sei ein Dichter. Was sind aber diese Träumereien und diese Poesie? Die jungen Menschen, die ihre Vorstellungskraft zur Beute aller möglichen Gefühle, Begierden oder Vorstellungen werden lassen, werden schließlich von den negativsten Zuständen überwältigt.

Die Vorstellungskraft ist eine wunderbare Kraft, die der Mensch zu seinem Aufbau wie zu seiner Vernichtung benutzen kann. Wenn ihr euch unglücklich oder entmutigt fühlt, dann denkt doch daran, eure Vorstellungskraft einzuspannen, statt untätig dazusitzen und euch mit Pillen vollzustopfen und die anderen mit euren Ängsten und Alpträumen zu plagen. Stellt euch vor, ihr seid von Licht umgeben und strahlt eure Liebe über die ganze Welt aus, ihr widersteht Schwierigkeiten und Versuchungen... Dann werden die von euch geschaffenen Bilder allmählich lebendig, sie wirken auf euch, verwandeln euch und tragen gleichzeitig dazu bei, daß aus dem Weltall entsprechende Partikel in euch einströmen. Selbstverständlich erfordern diese Übungen viel Zeit und Arbeit. Am Anfang hält ihre Wirkung nicht sehr lange an, so daß ihr oft wieder von vorn beginnen müßt. Aber eines Tages ist das Ergebnis endgültig da, ihr könnt nicht daran zweifeln. Dann spürt ihr eine lebendige Wesenheit über euch, die euch schützt, belehrt, läutert und erleuchtet und in schwierigen Situationen die Hilfe bringt, die ihr braucht.

Ja, ihr solltet diese Übungen machen, und diejenigen, die sie vernachlässigen, häufen dichte und dunkle Schichten um sich, bis sie nicht mehr reagieren können: Sie werden erdrückt, vernichtet und denken nur daran, sich das Leben zu nehmen. Mein Gott, warum muß es denn so weit kommen? Ihr müßt wissen, daß keine Bemühung verlorengehen kann. Auch wenn man im Moment keinen Erfolg hat, bleibt jede Bemühung für später erhalten. Man muß durchhalten und vor allem nicht aufgeben, indem man Selbstmord verübt.

Alle Selbstmordfälle unterscheiden sich, man kann sie aber auf drei Ursachen zurückführen: ein Mangel im Bereich des Intellektes, des Herzens oder des Willens. Denn wenn ihr die Dinge richtig versteht, wenn ihr wißt, daß es eine göttliche Welt gibt, die von einer Unzahl herrlicher Wesen bewohnt ist, und daß unsere physische Welt das Werk dieser lichtvollen Wesen ist, wenn ihr wißt, daß Gefühle und Wünsche so mächtig sind, daß ihr sie mit Geduld und Ausdauer verwirklichen könnt, und wenn es euch endlich gelingt, euch selbst zu bemeistern und alle Schwierigkeiten als ein Mittel zur Stärkung eures Willens zu betrachten, ja, wenn ihr diese drei Bedingungen immer besser erfüllt, dann werdet ihr euch niemals dazu entscheiden, eurem

Leben freiwillig ein Ende zu setzen. Sogar Elend und Entbehrungen, Krankheiten, Einsamkeit und Verfolgung werden euch nicht überwältigen – ihr werdet siegen.*

Was immer auch geschehen mag, vergeßt niemals, daß Gott den Menschen nach seinem Bilde schuf und daß dieser – wie tief er auch fallen und wie verzweifelt er auch sein mag – unmöglich endgültig zugrunde gehen kann: er wird immer am Rand des Abgrunds von einer unsichtbaren Hand zurückgehalten. Man kann von Zeit zu Zeit wohl denken, er wäre dabei, sich kopfüber ins Nichts zu stürzen. Aber was immer er auch tut, welchen Gefahren er sich auch immer aussetzt, er wird in Wirklichkeit doch gerettet. Denn in ihm ist Gottes Zeichen tief eingeprägt, und selbst wenn man meint, er sei für immer verloren, hält es zurück wie eine mächtige Hand und gibt ihm die Möglichkeit, auf den Weg zum Licht zurückzufinden.

Eines sollt ihr euch gut merken: auch wenn der Mensch Kräften ausgeliefert ist, die ihn in den Abgrund zerren, ist doch nichts unwiderruflich verloren, denn der Schöpfer hat ihn mit einer Art Sicherheitsschloß ausgestattet, mit einem Funken, der bis in alle Ewigkeit seine göttliche Zugehörig-

* Siehe *Die Reinkarnation* aus Band 202 der Reihe Izvor: *Der Mensch erobert sein Schicksal*.

keit bezeugen wird.

XVI

LASST EUCH NICHT DURCH EURE FEHLER ENTMUTIGEN!

Wie viele junge Menschen, die voller Hoffnung und Begeisterung sind, stellen sich vor, um ein außergewöhnlicher Mensch, ein Held oder sogar ein Heiliger zu werden, genüge es, den Wunsch danach zu hegen. Aber da sie sich allmählich ihrer Unzulänglichkeiten und Schwächen bewußt werden, fühlen sie sich unglücklich und verlieren den Mut. Nachdem sie geglaubt hatten, wirklich stark, groß, rein usw. zu sein, kommen sie sich armselig vor, als wären sie weniger als nichts. Sie hatten in einer Richtung übertrieben, und nun tun sie dasselbe in der entgegengesetzten Richtung...

"Was soll man also tun?" werdet ihr fragen. Statt über eure Unzulänglichkeiten und Mängel zu jammern, weil sie euch den Weg versperren und euch daran hindern, das Ziel zu erreichen, sollt ihr euch sagen: "Ich muß wirklich stark sein, daß ich solche Hindernisse auf meinem Wege angehäuft habe und mich so weit fesseln ließ!" Statt zu verzweifeln, versucht darauf stolz zu sein... Ja, wirklich stolz! Denn ihr selbst habt diese Mängel geschaffen, sie sind eure Kinder, und ihr seid ihr Vater, ihre Mutter. Ihr habt also eine außergewöhnliche Kraft!

Natürlich denkt ihr, daß ich Unsinn rede. Nein, es ist nicht so unsinnig, wie ihr glaubt. Lest nur einmal "Taras Bulba", den Roman von Gogol, und ihr werdet darin auf die Geschichte eines Vaters stoßen, der seine Söhne zu schätzen wußte. Taras Bulba war ein tapferer Kosake, der seine beiden Söhne in ein Seminar nach Kiew schickte. Nach ihrem Studium kehrten sie als zwei kräftige Burschen zu ihrem Vater zurück. Taras Bulba freute sich, sie in so guter Verfassung wiederzusehen und gab ihnen ein paar tüchtige Klapse auf die Schulter. Das ließen sich die Söhne aber nicht gefallen und gaben ihm die Klapse zurück. Und schon war der Streit da! (Sie waren eben Kosaken!). In kürzester Zeit hatten die Söhne ihren Vater zu Boden gestreckt. Und ihr glaubt, Taras Bulba war wütend? Nicht im geringsten, seine Söhne waren sein Fleisch und Blut, und er war stolz, sie so stark zu sehen. Daß er geprügelt und ein bißchen verletzt wurde, das war eine andere Sache. Also ein kluger Mann.

Wer für das Negative stark ist, kann es ebenso sein für das Positive. Die Fehler, die euch Schwierigkeiten machen, habt ihr nicht in zwei oder drei

Tage geschaffen, nein, Jahre, sogar Inkarnationen habt ihr dazu gebraucht. Und wenn ihr nun klug seid, dann sagt ihr euch: »Ich habe viel Zeit gebraucht, um mir diese Fehler anzueignen, jetzt werde ich auch alle nötige Zeit aufbringen, bis ich sie loswerde, und an ihrer Stelle lichtvolle Wesenheiten schaffen, die mich schützen und mir helfen. Und statt in Verzweiflung zu geraten, macht ihr euch gleich an die Arbeit.«

Denn das einzig Wesentliche ist, sich an die Arbeit zu machen. Sich zu bessern ist ein heikles Unternehmen. Viele geben schließlich den Kampf auf, während andere so von sich enttäuscht sind, daß sie in Verzweiflung geraten und an Selbstmord denken. Die ersten sind schwach und faul und die anderen hochmütig. Sich bewußt zu werden, wie weit man noch von dem grandiosen Bild entfernt ist, das man von sich selbst hatte, ist noch kein Grund zu verzweifeln. Man soll sich bescheiden sagen: »Mein Lieber - oder meine Liebe - du hast es noch nicht geschafft. Aber das ist egal, mach nur weiter! Die Anstrengung zählt und nicht der Erfolg.« Natürlich ist es schwierig, und es wird selbstverständlich Höhen und Tiefen geben.

Auch ich kann ein Lied davon singen. Glaubt ihr denn, daß ich immer weise und vernünftig war? Nein, leider nicht!... Als ich klein war, beklagten sich alle Leute über mich, denn ich zündelte gern, verursachte Explosionen und klaute auch Obst aus den Gärten der Nachbarn. Ich war mir nicht bewußt, daß ich etwas Böses tat, und mir fielen allerlei Streiche ein. Als ich sechs oder sieben war, fiel mir eines Tages eine kleine Broschüre über das Leben des Heiligen Athanasius in die Hände. An den Inhalt erinnere ich mich nicht mehr, ich weiß nur, daß ich tief beeindruckt war. Zum ersten Mal verstand ich, daß ich mich nicht richtig verhielt. Ich weinte, bereute alles und faßte gute Entschlüsse. Ich wollte auch ein Heiliger werden. Leider hat es nicht lange gedauert, und alle meine guten Vorsätze waren schnell vergessen.

Etwas später las ich die Sprüche Salomos. Stellt euch das vor! Die Sprüche Salomos...In unserer Schule – ich glaube, ich war damals neun – gab es eine Bücherei. Ich hatte mich als Mitglied einschreiben lassen, und eines Tages wählte ich mir die Sprüche Salomos aus, natürlich ohne zu wissen, was das war. Ich war ein wenig jung dafür, diese Lektüre war also für mich nicht so geeignet, aber wenn schon! Und ich las: »Gehorche der Zucht Deines Vaters und verlaß nicht das Gebot Deiner Mutter...« (Sprüche 1:1,8) und allerlei andere Vorschriften und gute Ratschläge. Es ging viel um die Weisheit, aber auf eine Art und Weise, die für mich überhaupt nicht klar war. Trotzdem gefiel es mir dermaßen, daß ich das Buch einfach für mich behielt. Ihr seht, die Zeit zu beichten ist nun gekommen! Ich blieb einige Zeit unter dem guten Einfluß der Weisheit und fühlte mich glücklich. Aber auch das hielt nicht lange an. Was das Buch anbelangt, macht euch keine Sorgen; ich habe es in die Bücherei zurückgebracht. Die Weisheiten Salomos hatten also doch bei mir etwas bewirkt.

Später – ich war damals zwölf – ging ich in den Wald mit den Holzfällern, die Holzkohle brannten. Ich ging gern mit ihnen, und auch sie mochten mich sehr. Eines Tages gab mir einer von ihnen das Neue Testament zu lesen, während sie arbeiteten. So begann ich das Evangelium zu lesen. Wieder geschah in mir etwas Merkwürdiges, wieder kam ich mir wie ein großer Sünder vor, ich weinte und war voll Reue!... Was mich in diesem Alter im Neuen Testament am meisten beeindruckte, war die Geschichte der beiden Besessenen, die Jesus von ihren Dämonen befreite. Es war wirklich großartig, wie die Dämonen, nachdem sie aus dem Körper der Besessenen ausgetrieben waren, in Schweine fuhren, die sich dann ins Meer stürzten und ertranken...(Matth. 8:28-32). Das Bild, das sich aber in mir besonders einprägte, war das des Besessenen, der, nachdem er von seinem Dämon befreit war, sich ruhig und friedlich zu Füßen Jesu setzte. Ja, seht ihr, das beeindruckte mich. Mir war es, als wäre auch ich dieser vernünftig gewordene, friedliche Besessene, der zu Jesu Füßen saß. Dieser Eindruck dauerte eine Zeitlang an, dann verwischte auch er sich, und ich begann von neuem, alle Dummheiten der Jungen meines Alters zu machen.

Zwei bis drei Jahre sind noch vergangen, und als ich etwa sechzehn war, wurde ich wieder durch die Lektüre eines Buches erschüttert, aber dieses Mal war die Wirkung einem Blitzschlag ähnlich. Ja, es war wie ein Blitz, wie ein verzehrendes Feuer, das mich niederschmetterte, und von diesem Augenblick an war es aus, ich folgte endgültig dem Weg des Lichtes.

Manche werden sagen: »Wir sind aber schon weit über sechzehn, und es ist uns noch nicht gelungen, auf dem Weg des Lichtes zu gehen. Trotz all unserer guten Absichten sind wir oft unschlüssig und schwankend.« Ja natürlich, das ist aber kein Grund, den Mut zu verlieren. Das Wichtigste ist, niemals das Verlangen nach Vollkommenheit aufzugeben. Wenn ihr fallt, ist das nicht so schlimm, vorausgesetzt ihr rafft euch wieder auf. In allen Lebenssituationen ist das Wichtigste der Wunsch nach Vervollkommnung. Es gibt immer etwas an sich zu vervollkommnen. Die Idee der Vervollkommnung ist mit der menschlichen Existenz untrennbar verbunden.

XVII

DER WAHRE KÜNSTLER DER ZUKUNFT

Viele Jugendlichen beklagen sich, daß keines der ihnen gebotenen Ideale dem entspricht, wonach sie sich sehnen. Wissen sie aber wirklich, was sie sich wünschen? Sie probieren vieles aus, rennen sich die Köpfe ein und sind unglücklich, weil sie nicht wissen, daß es eine schöpferische Tätigkeit ist, was sie brauchen. Ja, sie brauchen es, Schönheit, Poesie, Musik, Farben und Formen zu schaffen.

Wenn man aber sieht, was heutzutage aus der Kunst wird, kann man oft nicht mehr von Schöpfung sprechen, sondern eher von Zerfall. Man könnte meinen, daß die Künstler uns immer mehr zum Chaos hinführen wollen. Die Poesie wird zu einer zufälligen Aneinanderreihung von Wörtern, aus denen jeder den Sinn herausliest, der ihm gefällt; die Musik wird zu bizarren, disharmonischen Klängen oder einem höllischen Lärm, der Tanz zu bloßen Verrenkungen. Was die Malerei und Bildhauerei betrifft, handelt es sich nur um Schmierereien, Farbflecken und formlose Klumpen. Wie soll man den Menschen klarmachen, daß dieser *Fortschritt* der Kunst im völligen Gegensatz zu der von der kosmischen Intelligenz gewollten natürlichen Ordnung der Dinge steht? Die kosmische Intelligenz will, daß aus dem Chaos Ordnung, Harmonie und Vollkommenheit entstehen. Zur Zeit aber geschieht genau das Gegenteil, besonders in der Kunst. Die Menschen kehren zum Chaos zurück.

Und doch zeigen so viele Beispiele im Leben uns auf, wie sich die Dinge eigentlich abspielen sollten! Um ein Haus zu bauen, braucht man Eisen, Holz, Ziegelsteine, Zement, Sand usw., aber man richtet sich nicht einfach mitten in diesen aufgestapelten Baumaterialien ein, nein, man baut daraus ein Haus. Und um ein Haus zu errichten, wird dieses Material nicht irgendwie gestapelt, sondern auf eine bestimmte Weise angeordnet, damit ein vollendetes Bauwerk, also ein bewohnbarer Ort, daraus entsteht. Und wenn ihr jemanden zum Essen eingeladen habt, dann stellt ihr nicht alles unordentlich, mit Kernen, Gräten, Schalen usw., vor ihn auf den Tisch, sondern bietet ihm sorgfältig zubereitete Gerichte an. Da gibt es also Menschen, die, wenn es ums Wohnen oder Essen geht, einigermaßen vernünftig handeln, die sich aber wie Verrückte verhalten, wenn es um die

Kunst geht. Nichts ist mehr gestaltet, strukturiert, bearbeitet, es ist nur ein Durcheinander, ein Wirrwarr.

Und ganz besonders wenn man die Musik hört, die die Jugendlichen zur Zeit spielen und anhören, dann bekommt man direkt einen Schreck. Sie wissen nicht, daß ein solches Gebrüll und das Hin- und Herspringen ihr Nervensystem zerrütten. Wozu haben denn Jahrhunderte lang Musiker nach Klängen und Rhythmen gesucht, die fähig sind, höhere, subtilere, höchst harmonische Empfindungen bei den Menschen hervorzurufen, wenn sich heutzutage Radau und Geschrei *Musik* nennen?... Ich spüre sehr wohl, daß ich mit meinen Worten auf Unverständnis stoße. Ich mache mir nichts daraus und bleibe bei meiner Auffassung, vor allem für mich selbst, und den anderen stelle ich frei, alles Mögliche auszuprobieren. Nur sollen sie wissen, daß wenn sie so fortfahren, die Dinge eine schlechte Wendung für sie nehmen werden, weil die *Kunst*, die sie mögen, sie zugrunde richten wird. Die Jugendlichen sollten also darüber nachdenken.

Nun möchte ich ihnen noch sagen, daß das Wesentliche nicht darin besteht, mit einem Stück Leinwand oder Holz, mit Klängen oder Farben kreativ zu arbeiten, sondern an sich selbst zu arbeiten, denn der wahre Urstoff ist man selbst. Die Werke, die die Künstler erschaffen, entstehen außerhalb ihrer selbst und mit Hilfe einer fremden Materie. Und da sie all ihre Bemühungen auf diese äußere Materie konzentrieren, merkt man, daß sie selbst nicht so großartig sind, wenn man mit ihnen zusammenkommt, selbst wenn sie Meisterwerke wie Symphonien, Gedichte, Gemälde, Denkmäler usw. hervorbringen. Man ist oft sogar verblüfft, denn in ihrem Verhalten, ihrem Benehmen fehlt alles, was die Schönheit ihrer Werke ausmacht. Sie sind weder ausgeglichen noch harmonisch noch poetisch.

Dasselbe gilt für die Künstler der Vergangenheit. Wenn man ihre Biographien liest und ihre Schwächen und Laster entdeckt, dann sagt man sich, es ist besser, nur ihre Werke gekannt zu haben und ihnen selbst niemals begegnet zu sein! Und das Merkwürdige dabei ist, daß jeder sich mit diesen Tatsachen abzufinden scheint! Man findet es normal, daß ein Mensch viele bewunderte Werke hervorbringt, selbst aber für die anderen unerträglich ist, oder daß er anderen Freude bereitet, während er selbst Ängste und Qualen durchlebt.

Ich aber behaupte, daß derjenige ein wahrer Künstler ist, der fähig ist, sich selbst als Material für seine Werke zu nehmen. Alle Methoden des spirituellen Lebens stehen ihm bei dieser Aufgabe helfend und inspirierend zur Verfügung. Das ist eine neuartige, noch unbekannte Auffassung des künstlerischen Schaffens, die es aber verdient, daß ihr sie erforscht und ihr eure Aufmerksamkeit widmet. Ihr müßt zuallererst in euch selbst Poesie und Musik, harmonische Formen und Bewegungen und schillernde Farben schaffen. Ihr wendet ein: »Aber niemand wird etwas davon sehen oder hören!« Natürlich wird man die Harmonie weder hören noch sehen können, wie man die gewöhnlichen Kunstformen sieht und hört, aber eure Umgebung wird sie spüren und euch bewundern.

Nichts von dem, was der Mensch innerlich erschafft, bleibt ohne Wirkung, vor allem für ihn selbst. Wenn ihr einmal mit Hilfe eurer Gedanken, Gefühle und Wünsche versucht das Paradies in euch zu schaffen, lebt ihr als erste darin. Und wenn die anderen euch näherkommen, werden sie allmählich spüren, wie in euch Quellen hervorsprudeln, Vögel singen und Blumen duften; dann werden sie zueinander sagen: »Kennt ihr diesen Garten? Welcher Friede, welche Reinheit, welcher Segen!«

Die wahren Künstler der Zukunft werden diejenigen sein, die sich mit dieser großartigen, inneren schöpferischen Tätigkeit befassen. Deshalb bereitet auch ihr euch darauf vor. Und redet euch nicht damit heraus, ihr wäret arm und nichts wert und könntet mit eurer eigenen Materie überhaupt nichts anfangen. Man kann aus jeder beliebigen Materie etwas herausholen.

Als ich noch studierte – es war in Sofia, in Bulgarien –, saß ich eines Tages in meinem Zimmer und las. Auf einmal hörte ich jemanden auf einer Geige eine Melodie von solch überwältigender Schönheit und Reinheit spielen, als käme sie wirklich vom Himmel. Ich ging hinaus, um zu sehen, wer so wunderbar spielten konnte und sah einen zerlumpten Zigeuner, der diese unglaublichen Klänge einem sonderbaren Instrument entlockte – von einer Geige konnte kaum die Rede sein. Alle Straßenbewohner kamen aus ihren Häusern oder stellten sich ans Fenster... Als er zu Ende gespielt hatte ging ich zu ihm und fragte ihn: »Woher kommt diese Geige?« – »Ich habe sie selbst gebaut.« – »Darf ich sie mir genauer ansehen?« Ich betrachtete sie von allen Seiten und war verblüfft, der grob behauene Holzkasten war nur mit ein paar Saiten bespannt. Jahre später lernte ich in Frankreich einen Mann kennen, der sich mit Forschungsarbeiten über die Firnisse befaßte, die Stradivari für seine Geigen verwendete. Was hätte er über eine solche Geige gesagt, die selbstverständlich nicht die leiseste Spur von Firnis aufwies?

Noch Jahre später hat mich diese Begegnung beschäftigt. Ich sagte mir: »Das Wesentliche ist also nicht das perfekte Instrument, sondern etwas anderes. Alles hängt von dem ab, des es spielt.« Ich habe viel darüber nachgedacht und gefunden, daß es auch mir mit der Zeit gelingen würde, aus meiner primitiven Geige, das heißt aus mir selbst, ein paar schöne Klänge herauszulocken. Ich sagte mir: »Natürlich habe ich keine besonders guten Bedingungen, das Holz meiner Geige ist nicht das kostbarste, die Saiten klingen nicht besonders harmonisch, aber mein Wille, mein Bestreben, meine Liebe zur Schönheit, werden siegen.« Dann habe ich mich an die Arbeit gemacht!

Das Wichtigste ist, von dem Willen beseelt zu sein, siegen zu wollen, den Gipfel, den höchsten Punkt anzustreben: das hohe Ideal, damit wir die wahre Schönheit erschaffen, in uns und außerhalb von uns. Diese Auffassung der schöpferischen Tätigkeit ist die Quintessenz unserer Lehre.

XVIII

SEXUELLE FREIHEIT...?

Schon wenn es bloß darum geht, eine Tasse Kaffee zu kochen, muß man wachsam sein, denn nicht nur Wasser, Kaffee und Zucker müssen richtig dosiert werden, sondern auch die Temperatur muß stimmen. Man muß auch in unmittelbarer Nähe bleiben, um den Topf zu überwachen, sonst läuft alles über. Ihr seht also, selbst um eine Tasse Kaffee zu kochen, muß man Herr der Lage sein. Handelt es sich aber um ein so umfangreiches und wichtiges Gebiet wie das der Sexualität, dann bilden sich die Menschen erstaunlicherweise ein, sie könnten sich unbekannten Kräften völlig hingeben und alles Mögliche tun, ohne zu überlegen.

Die moderne Jugend ist der Meinung, sie habe mit dem Erreichen der sexuellen Freiheit einen großen Sieg davongetragen. Ja, es stimmt schon, das ist ein großer Sieg über Heuchelei und Engstirnigkeit, die jahrhundertelang die Gesellschaft beherrscht haben. Ist aber das Problem der Sexualität dadurch gelöst worden? Auf Verdrängung folgte Zügellosigkeit... Wenn man jetzt die Jugendlichen sich in irgendwelche Experimente stürzen läßt in einem ihnen unbekannten Bereich, öffnet man ihnen Tür und Tor für physische und psychische Ausschweifungen. Zur Lösung der Probleme genügt es nicht, ihnen zum Gebrauch von Kondomen oder anderen Verhütungsmitteln zu raten oder die Abtreibung zu erlauben. Und alles zu verbieten, nützt auch nichts.

»Was soll man denn tun?« werdet ihr fragen. Erklären, man muß den jungen Menschen erklären, was die Sexualkraft eigentlich ist, und auf welche Weise sie mit der Liebe verbunden ist. Zu diesem Thema habe ich schon viele Vorträge gehalten.* Die Sexualkraft ist eine Urkraft, die man unmöglich bekämpfen kann. Das ist aber kein Grund, sich von ihr mitreißen zu lassen. Die Jugendlichen müssen wissen, daß es Methoden gibt, um diese Kraft zu kanalisieren, zu orientieren, damit sie zur psychischen, moralischen und spirituellen Entwicklung des Menschen beiträgt. Nach diesen Erklärungen sollen sie über das Problem nachdenken und entscheiden, was sie tun wollen.

Schon früh befassen sich die ganz jungen Buben und Mädchen mit dem Problem der Sexualität, und viele stellen mir dieselben Fragen. Sie können

* Siehe Band 205 der Reihe Izvor: *Die Sexualkraft oder der geflügelte Drache*

nicht begreifen, weshalb ich in meinen Vorträgen immer wieder betone, daß es wünschenswert ist, Selbstbeherrschung zu lernen. Sie denken, der Geschlechtsverkehr würde ihnen helfen, sich zu entfalten und sich innerlich zu bereichern. Ich versuche dann, ihnen klarzumachen, wie dieses Problem zu verstehen ist.

Jede physiologische Manifestation gleicht einem Verbrennungsprozeß. Schon beim Sprechen und Denken werden Materialien verbrannt. Und bei dieser Verbrennung entsteht Asche. Und das gilt noch mehr für die Gefühle. So kommt es, daß man sich nach einem großen Kummer oder gar nach einer großen Freude plötzlich müde fühlt, man braucht Ruhe und Schlaf, um dem Organismus die Möglichkeit zu geben, wieder zu Kräften zu kommen. Jede Manifestation, jede Gemütserregung, jede Empfindung bedeutet einen Verbrauch an Materialien. Wie könnt ihr also glauben, daß ihr beim sexuellen Verkehr nichts verbraucht oder nichts verliert? Gerade auf diesem Gebiet ist der Verbrauch am größten, denn er zieht nicht nur einen Verlust physischer Energien nach sich, sondern auch einen Verlust der subtilsten und kostbarsten psychischen Energien. Sind diese Energien einmal vergeudet, dann habt ihr alles verloren, was euch Inspiration und Schwung für die Welt der Schönheit, der Erhabenheit, hätte geben können.

Natürlich, wenn ihr euch nichts anderes wünscht als ein gewöhnliches, prosaisches, unbedeutendes Leben, dann könnt ihr euch gehenlassen. Dann ist es unnötig, wachsam zu sein und sich anzustrengen, um Selbstbeherrschung zu erlangen. Diese Selbstbeherrschung wird sich sogar auf eure physische und psychische Gesundheit nachteilig auswirken. Ihr werdet unausstehlich für eure Familie und eure Umgebung. Ihr fühlt euch frustriert und werdet dann verbittert, hart und intolerant. Damit eure Wachsamkeit und eure Selbstbeherrschung sinnvoll sind, müßt ihr ein hohes Ideal haben und euch wirklich wünschen, aus eurem Leben etwas Schönes, Großartiges, Edles zu machen. Ihr müßt das Bedürfnis verspüren, diesem Leben ein anderes Element, ein spirituelles, lichtvolles Element, hinzuzufügen. Welchen Sinn hätten sonst alle eure Anstrengungen?

Natürlich gefällt es euch nicht besonders, meine Worte über die Selbstbeherrschung zu hören, wenn so viele in eurer Umgebung sexuelle Freiheit verlangen, und diese Forderung durch scheinbar sehr triftige Argumente rechtfertigen. Ich kann verstehen, daß ihr keine Lust verspürt, auf alle Vergnügungen zu verzichten, aber versucht wenigstens, die Vorteile zu erkennen, die euch der Verzicht auf nur einige dieser Vergnügungen bringt. Es geht nicht darum, auf alles zu verzichten, sich alles zu versagen und vor dem Nichts zu stehen. Wenn ich von Verzicht rede, möchte ich euch klarmachen, daß es darum geht, manche materielle, niedere Vergnügen durch andere, subtilere, spirituellere zu ersetzen. Stellt ein Arzt fest, daß ein Mensch dabei ist, durch übertriebenen Genuß von Fleisch, Süßigkeiten oder Alkohol seine Gesundheit zu gefährden, dann gibt er ihm keineswegs den Rat, nichts mehr zu essen, denn er weiß wohl, daß dieser sowieso nicht auf so einen Rat hören würde, oder was noch schlimmer wäre, sterben würde, würde er ihn befolgen! Der Arzt verordnet ihm also, diese Kost durch eine andere, gesündere, leichtere zu ersetzen. Das ist genau das, was auch ich euch rate, aber auf einem anderen Gebiet. Ich dränge euch nicht dazu zu verhungern, sondern zu einer anderen Ernährungsweise.

Versteht mich richtig! Der Verzicht auf gewisse sinnliche Freuden hat nur einen Sinn, wenn man sie durch Errungenschaften und Freuden auf der spirituellen Ebene ersetzt. Geistliche und Moralisten haben ihre Aufgabe schlecht erfüllt, denn sie haben den Menschen Vorschriften auferlegt, ohne ihnen deren Nutzen wirklich zu erklären, und erweckten in ihnen den Eindruck, man wolle ihnen ein ödes Leben und unzählige Entbehrungen aufzwingen. Jetzt ist der Zeitpunkt gekommen, das alles klarzustellen. Die Menschen sind nicht so dumm und beschränkt, und die Jugend schon gar nicht, sie kann das verstehen. Auf alle Fälle hat es heutzutage keinen Zweck mehr, Vorschriften zu machen, ohne deren Nützlichkeit darzulegen.

In der Einweihungswissenschaft wird Verzicht nicht als Entbehrung betrachtet. Im spirituellen Leben ist Verzicht nicht von Verlust begleitet. Verzichten heißt, ein Vergnügen durch etwas anderes zu ersetzen, es umzuformen, auf eine höhere Ebene zu übertragen. Es handelt sich um dieselbe Aktivität, aber mit reineren, feinstofflicheren Elementen und mit einem selbstloseren Ziel. Wenn man sich dazu entschließt, die physischen Manifestationen der Liebe zu beschränken, dann tut man es in der Absicht, mehr von der Liebe in ihrer spirituellen Manifestation zu haben, sonst ist es sinnlos. Wer übrigens auf physische Liebe verzichten will, ohne die Liebe auf der spirituellen Ebene zu suchen, setzt sich großen Gefahren aus, denn dieser Verzicht führt zur Verdrängung.

Wenn die Menschen von Verzicht hören, dann bekommen sie einen Schreck und sagen sich: »Verzicht wäre für mich der Tod.« Und sie haben recht, sie werden sterben, wenn sie nicht begriffen haben, daß der Verzicht nur dazu dient, etwas Besseres zu erlangen. Die Natur hat die Dinge sinnvoll eingerichtet. Wir essen, trinken, atmen, davon darf man nichts weglassen, sondern man muß seine Bedürfnisse nur verfeinern, sie auf höhere Ebenen verlagern.

Verzichten oder *Opfer bringen*, wie man sagt,

ist nur eine Redewendung. In Wirklichkeit soll man nichts entbehren, sich nichts versagen, sondern sich nur auf eine andere Ebene versetzen und oben das tun, was man unten tat, statt aus dem von Mikroben wimmelnden Sumpf, das Wasser aus einer kristallklaren Quelle trinken. Nichts zu trinken führt zum Tod. Wenn gesagt wird, man solle nicht trinken, handelt es sich nur um das Abwasser, das man ablehnen soll. Man muß trinken, aber das himmlische Wasser.

Hört also auf zu denken, daß Entbehrung Tod bedeutet. Im Gegenteil, Entbehrung bedeutet das Leben. Wenn ihr einige Entbehrungen akzeptiert, wandelt ihr eine Energie in eine andere um. Das ist eine Bereicherung. Denn das Leben ist die Umwandlung einer Energie in eine andere, subtilere. Die gesamte Natur führt uns fortwährend Beispiele dieses Prozesses vor Augen. Solange man das auf der spirituellen Ebene nicht verstanden hat, stagniert man, und genau diese Stagnation führt uns zum Tod.

Sicher sind das sehr feinstoffliche Realitäten, die ihr noch nicht gut begreifen könnt, aber das wird kommen, wenn ihr in euch darüber zur Klarheit gelangt, durch vieles Meditieren und innere Veränderungen. Ich sage nicht, daß das einfach ist, aber diese Idee verdient es, daß ihr euch darum bemüht. Ihr werdet spüren, wie ein intensiveres, schöneres Leben in euch erwacht, und auf diese Weise bereitet ihr eure schöne Zukunft vor. Vielleicht werdet ihr auf einige vergängliche Empfindungen verzichten müssen, aber ihr bereitet eine günstige Zukunft vor.

XIX

BEWAHRT DIE POESIE EURER LIEBE!

Da es den Jugendlichen gelungen ist, alle sexuellen Tabus – wie sie sagen – zu beseitigen, freuen sie sich, weil sie sich endlich frei fühlen. Ja, sie sind glücklich über diese Freiheit, aber macht sie das, was sie aus dieser Freiheit machen, glücklich? Nein, im Gegenteil, man stellt bei den Jugendlichen sogar eine immer höhere Anzahl von Selbstmorden oder Selbstmordversuchen fest. Das beweist sehr wohl, daß ihre sexuellen Experimente ihnen nicht die Liebe bringt. Wenn sie ihnen die Liebe bringen würden, kämen sie nie auf den Gedanken, sich umzubringen, denn die Liebe ist mit dem Leben verbunden.

Wer liebt, spürt Lust zum Leben. Aus seiner Liebe schöpft er alle Elemente, die ihn bei allen Schwierigkeiten stärken und seinem Leben einen Sinn geben. Liebe ist nicht Sexualität, selbst wenn man nicht leugnen kann, daß beide miteinander verbunden sind. Statt sich über die Eroberung der sexuellen Freiheit zu freuen und sich zu beeilen, sie auszukosten, sollten die Jugendlichen besser der Liebe den Vorrang geben, um deren wahre Wesensart besser verstehen zu lernen und die beste Art zu finden, sie auszudrücken.

Was ist eigentlich Liebe? Es ist nicht etwas, das von einem Mann oder einer Frau ausgeht. Liebe ist eine kosmische Energie, die im ganzen Universum verbreitet ist. Liebe kann man in der Erde, in der Luft, in der Sonne, in den Sternen finden, oder auch in Steinen, Pflanzen, Tieren, und natürlich auch in den Menschen, aber eben nicht ausschließlich in ihnen. Darum dürft ihr euch nicht ungeliebt fühlen, wenn ihr keinen Partner in den Armen haltet. Seht ihr denn nicht, daß ihr euch selbst unglücklich macht mit einer so begrenzten Auffassung der Liebe? Nicht der Körper, nicht das Fleisch bringt euch Liebe, denn dort ist sie nicht. Die Liebe kann sich durch den physischen Körper ausdrücken, sie selbst ist aber woanders. Liebe ist überall, sie ist Licht, Nektar, Ambrosia, die den Raum erfüllt.

Warum beobachtet ihr euch nicht, um aus den gemachten Erfahrungen Folgerungen zu ziehen? Ihr habt schon einmal jemanden geliebt, und am Anfang dieser Liebe wart ihr wie verzaubert. Der bloße Gedanke, daß der (die) andere existiert, daß ihr ihn (sie) vielleicht auf der Straße oder sonst irgendwo erblicken könntet, genügte, um euch in die Welt der Poesie, der Musik zu versetzen. Einmal ist es euch gelungen, einen Gegenstand zu bekommen, den er (sie) berührt oder der ihm (ihr) gehört hatte. Selbst wenn es ein wertloser Gegenstand war, stellte er für euch den kostbarsten Schatz auf der Welt dar, denn er war mit den Ausstrahlungen dieses geliebten Menschen geprägt, und für euch war er wie ein Talisman. Nach und nach habt ihr euch immer öfter getroffen, und dann haben die Dinge ihren *ganz normalen* Lauf genommen, wie man so schön sagt. Und ihr habt sicher andere Vergnügungen, andere Freuden genossen, aber alles, was euren ersten Begegnungen so viel Zauber verlieh, war verlorengegangen. Und wie hat es oft geendet? Mit Mißverständnissen, Auseinandersetzungen, Trennungen...

Um eure Liebe zu bewahren, hättet ihr begreifen müssen, daß sie nicht darin lag, diesen Menschen physisch zu besitzen, sondern in etwas Subtilem, das euch durch diesen Menschen hindurch mit dem ganzen Universum verband, mit der Schönheit der Blumen, der Wälder, der Quellen, der Sonne und der Gestirne. Da ihr die Distanz, die euch beide trennte, unbedingt abschaffen wolltet, habt ihr euch allmählich von dieser subtilen Welt entfernt, und dann blieb euch nur die materielle, prosaische Seite.

Wenn ihr eure Liebe bewahren wollt, so habt es nicht so eilig, euch körperlich zu vereinigen, denn ihr werdet einander bald überdrüssig, wenn die großen Aufwallungen einmal vorbei sind, und wenn ihr seht, wie die schlechten Seiten des anderen allmählich hervorkommen. Um eure Inspiration zu bewahren, müßt ihr eine gewisse Distanz wahren. Diejenigen, die sofort alles kennen und genießen wollen, spüren bald dem anderen gegenüber keine Neugier mehr, keine Lust, ihn zu treffen, weil sie zu viel gesehen, gekostet, genossen haben. Sie sind übersättigt, und mit der schönen Liebe ist es aus. Diese Liebe, die ihnen allen Segen, sogar den Himmel brachte, haben sie für ein flüchtiges Vergnügen geopfert! Warum versuchen sie nicht, etwas wachsamer zu sein? Warum versagen sie sich so schnell diese subtilen poetischen Empfindungen? Man könnte meinen, all das wäre zu schön, und sie hätten sich beeilt, mit der Poesie und der Schönheit Schluß zu machen.

Manche werden sagen, sie würden diese Liebe gerne erleben, sie wüßten aber nicht, wie sie es anstellen sollen. Ja, das verstehe ich. Und ich erkläre ihnen, daß sie zuerst eine Verbindung mit der göttlichen Welt herstellen müssen, um die wahre Liebe zu kosten, denn diese Verbindung verleiht allen Dingen, sogar der Liebe, ihren wirklichen Sinn. Ist diese Verbindung einmal hergestellt, dann durchdringt euch eine Flut höherer Energien. Ihr müßt also versuchen, diese göttlichen Energien anzuziehen, die eurer Liebe einen köstlichen Geschmack geben, als wäret ihr mit der gesamten Natur, mit dem ganzen Universum verbunden.

Aber vor allem müßt ihr wissen, daß eure Liebe nur das Spiegelbild von euch selbst ist. Ihr sucht die Liebe, und ihr glaubt, daß sie von außen auf euch zukommen wird in Form eines Menschen, der genau euren Erwartungen entspricht – schön, großzügig, geduldig? Ihr selbst seid brummig, egoistisch, jähzornig, und die Liebe soll sich euch in Form eines Engels präsentieren? Oh nein! Und selbst, wenn ihr einen Engel oder einen Erzengel in den Armen haltet, werdet ihr nichts von seiner Herrlichkeit wahrnehmen, weil ihr der göttlichen Welt gegenüber verschlossen seid.

Ich sage es nochmals: weder ein Mann noch eine Frau kann euch die gesuchte absolute Liebe bringen, denn sie gehört ihnen nicht. Die Quelle, der Spender der Liebe, das ist das Göttliche. Und wenn ihr euch nicht mit Ihm verbindet, kennt ihr nicht die wahre Liebe. Die Liebe ist eine Eigenschaft des göttlichen Lebens, deshalb werdet ihr sie erst finden, wenn es euch gelingt, dieses Leben in euch fließen zu lassen, ein reines, durch Tugenden geläutertes Leben.

Wenn ich euch diese Ideen vortrage, weiß ich natürlich, daß ihr sie nicht gleich begreift und im täglichen Leben in die Tat umsetzt. Wenn man jung ist, ist es schwierig, eine solche Anschauung zu teilen, und es ist um so schwieriger, da weder

Familie noch Schule noch die Gesellschaft in diesem Sinne anleiten. Manchmal wird in einem Gedicht, einem Roman oder einem Film eine außergewöhnliche Liebe gezeigt, aber das ist so selten! Und auch wenn ihr verzaubert seid, könnt ihr euch nicht vorstellen, daß es möglich ist, selbst eine solche Liebe zu erleben, sie bleibt im Bereich der Poesie und des Traumes. Und doch ist es möglich, vielleicht nicht gleich, aber mit der Zeit könnt ihr so etwas verwirklichen. Wesentlich dabei ist, daß ihr diese Idee wie ein Kleinod in euch aufbewahrt, wie ein Licht, dem ihr zustrebt, erfüllt von der Überzeugung, daß ihr, was immer auch eure Erfahrungen sind, diesem Licht näherkommen müßt.

XX

TRETET EIN IN DIE UNIVERSELLE FAMILIE!

Es gibt Menschen, die die schlechte Gewohnheit haben, sich in die Herzensangelegenheiten anderer einzumischen. Sobald sie sehen, daß sich zwei Menschen verlieben, finden sie mit scheinbar *triftigen* Gründen, daß dabei etwas nicht in Ordnung sei, beginnen zu kritisieren und mit Hilfe der Familie, der Freunde usw. zu intrigieren. Aber ein solches Verhalten ist folgenschwer, denn man hat kein Recht, Liebende zu trennen. Oft kommen Jugendliche zu mir und fragen mich um Rat, aber ich weiß, wie heikel es ist, sich in Herzensangelegenheiten einzumischen. Man muß besonders vorsichtig sein, um nichts zu zerstören, denn man ist vor dem göttlichen Gesetz dafür verantwortlich.

In Bulgarien wird folgende Geschichte erzählt. Es war einmal ein Räuber, der während seines ganzen Lebens nur Verbrechen begangen hatte: Diebstähle, Plünderungen, Überfälle auf Reisende. Doch eines Tages – Gott weiß warum – wurde er sich plötzlich all des Bösen bewußt, das er getan hatte und bereute. Aber wie sollte er es anstellen, so viele Verbrechen zu büßen? Und so vertraute er alles einem Eremiten an, der im Wald lebte. Dieser hörte ihm lange zu und sagte dann: »Du bist reich geworden durch das Ausrauben von Reisenden, darum tue jetzt folgendes: eröffne eine Herberge an der Straße und bewirte kostenlos alle, die vorbeikommen. So werden Dir Deine Sünden vergeben.«

Der Räuber ging zufrieden weg und begann, das zu tun, was der Eremit ihm empfohlen hatte. Alle, die an seiner Herberge vorbeikamen, wurden kostenlos bewirtet und beherbergt. Dennoch war er beunruhigt, denn er hatte so viele Verbrechen begangen, daß er zweifelte, ob sie ihm tatsächlich verziehen werden könnten. Als ihn eines Tages dieser Gedanke besonders geplagt hatte, träumte er in der Nacht darauf folgenden Traum: ein Engel erschien ihm und sagte: »Wenn der Holzpflock vor Deiner Tür mit Blättern und Blüten bedeckt ist, dann weißt Du, daß Dir Deine Sünden vergeben worden sind.« Er war etwas beruhigt, fragte sich aber, wie wohl ein Stock blühen könnte? Jeden Tag schaute er ihn an, es kam aber nicht das geringste Blatt zum Vorschein, der Stock blieb weiterhin dürr und kahl.

Jahre vergingen bis zu dem Tage, an dem er einen Mann in gestrecktem Galopp heranreiten sah... Er wollte auch ihn in seine Herberge einladen, aber der Mann hielt nicht an und ritt einfach weiter. Der arme reumütige Räuber fühlte sich dadurch beleidigt, wurde wütend, weil jemand seine Einladung abgelehnt hatte, griff nach der Pistole an seinem Gürtel und erschoß den Reiter. Als er sah, was er getan hatte, wurde er von Verzweiflung gequält. In wenigen Sekunden hatte er die Bemühungen von Jahren zunichte gemacht. Als er ins Haus zurückkehrte, schaute er zum Stock hinüber und dachte: »Nun wird er sicher nie Blätter und Blüten bekommen!« Was aber sah er vor sich? Der Stock hatte sich in einen wunderbaren Strauch voll Blätter und Blüten verwandelt. Er traute seinen Augen nicht, so unglaublich war das! Er konnte es einfach nicht begreifen... In der folgenden Nacht suchte ihn der Engel wieder auf und sagte zu ihm: »Der Mann, den du erschossen hast, hat nicht an deiner Herberge angehalten, weil er vorhatte, zwei junge Menschen zu trennen, die sich lieben. Du hast ihn daran gehindert, sein Verbrechen zu begehen, weil du ihn getötet hast. Dir sind all deine Sünden vergeben.«

Zerbrecht euch jetzt nicht den Kopf, um herauszufinden, ob diese Erzählung der Wahrheit entspricht. Die Bulgaren nehmen die Dinge manchmal nicht so genau und legen kein besonderes Gewicht auf Nuancen. Und glaubt vor allem nicht, daß euch all eure Sünden vergeben werden, wenn ihr diejenigen beseitigt, die Liebende trennen möchten. (Vor allem Frauen mischen sich gerne in so etwas ein!). Diese Erzählung drückt etwas sehr Wichtiges aus – niemand auf der Welt hat das Recht, zu verhindern, daß zwei Menschen sich lieben.

Manche werden einwenden: »Aber manchmal sieht man wie sich Jugendliche in Abenteuer stürzen, die ganz offensichtlich schlecht enden werden. Soll man dann auch schweigen und sie gewähren lassen?« Nun will ich euch verraten, was ich tue, wenn die jungen Leute mir anvertrauen, daß sie verliebt sind, und mich um Rat fragen. Ich sage ihnen: »Zuallererst müßt ihr euch darüber im klaren sein, warum ihr diesen Menschen liebt und was euch zu ihm hinzieht. Das gibt euch die Möglichkeit zu wissen, ob dieser Mensch wirklich geeignet ist, mit euch den gleichen Weg zu gehen und mit euch zusammen zu arbeiten.«

Ein Liebesverhältnis hat nur einen Sinn, wenn ihr mit einem Partner etwas Festes, Dauerhaftes aufbauen könnt. Versucht herauszufinden, ob auf drei Ebenen, der physischen, der Astral- und der Mentalebene Harmonie zwischen euch herrscht, oder ob ihr nur einem flüchtigen Impuls, dem Reiz des Vergnügens folgt. Habt ihr im Bereich der Gefühle, des Geschmacks, der Weltanschauung und der Ideen keine Affinitäten, dann sagt euch nicht, es sei belanglos und die Dinge würden sich mit der Zeit schon regeln. Nein, im Gegenteil. Wenn nach einiger Zeit das Neue gewisser Vergnügen ausgeschöpft ist, merkt man, daß psychische und geistige Affinitäten äußerst wichtig sind, und wenn sie fehlen, stellt sich bald Zwietracht ein.

Daß man den gleichen Geschmack und die gleichen Ansichten teilt, ist sehr wichtig, denn die Beziehungen eines Paares erschöpfen sich nicht darin, daß sie sich nur küssen und Liebeserklärungen machen, es müssen alle Probleme des Alltags bedacht und gelöst, Entscheidungen gemeinsam getroffen und das ganze Leben geregelt werden. Was wird denn geschehen, wenn der eine Kinder haben möchte und der andere nicht, wenn der eine in der Stadt und der andere auf dem Land leben möchte, wenn der eine Besinnung und Stille bevorzugt und der andere Musik und laute Unterhaltung? Und über die Ereignisse in der äußeren Welt hat jeder seine eigene Meinung, fühlt und sieht die Dinge auf seine Art. Und wenn die Reaktionen immer auseinandergehen, was werden das dann für Gespräche? Entweder wird es Streit geben, oder jeder wird in seiner Ecke schmollen, und in beiden Fällen wird das Leben zur Hölle werden.

Die Anziehungskraft, die ein Mensch auf uns ausübt, ist etwas Unkontrollierbares. Ihr bemerkt einen Jungen, ein Mädchen, und ohne zu wissen warum, fällt euch irgend ein Detail an seinem Äußeren auf – sein Gesicht, seine Gesten, sein Verhalten, etwas Besonderes an seiner Ausstrahlung, und ihr versucht, euch ihm zu nähern. Das ist ganz natürlich, nur müßt ihr wissen, daß eine solche Art von unmittelbarer Sympathie nicht bedeutet, daß ihr die große Liebe, die Schwesterseele, gefunden habt. Abgesehen von ein paar seltenen Ausnahmen erfordert die Wahl des Menschen, mit dem ihr etwas wirklich Harmonisches, Dauerhaftes errichten könnt, viel Zeit und Überlegung. Und bis dahin müßt ihr euch vorbereiten.

Wenn ich sage, ihr sollt euch vorbereiten, meine ich damit nicht, daß ihr nicht andere gleichaltrige Jungen oder Mädchen treffen und Freundschaften schließen dürft. Im Gegenteil, die Freiheit, die die Jugendlichen heute genießen, erlaubt es ihnen zusammenzukommen, gemeinsam zu studieren und sich zu unterhalten, und das ist wirklich etwas Großartiges, was den früheren Generationen unbekannt war. Es ist schade zu sehen, daß sie diese Freiheit oft nur dazu benützen, sich in Abenteuer zu stürzen, aus denen sie vorzeitig gealtert, lustlos und innerlich verletzt hervorgehen. Weshalb versuchen sie nicht, von ihrer Freiheit Gebrauch zu machen, um sich besser auf die Zukunft vorzubereiten?

Ihr werdet fragen: »Wie können wir uns denn vorbereiten?« Ihr müßt euch bewußt werden, daß das Leben ein sehr ernsthaftes Abenteuer ist, wo es unzählige Dinge zu beobachten und zu verstehen gilt, und daß es, um den Problemen gewachsen zu sein, die das Schicksal mit sich bringt, notwendig ist, nicht nur zu studieren, sondern auch an euch selbst zu arbeiten und psychische, moralische Eigenschaften zu entwickeln, die euch dazu verhelfen, eure Mitmenschen besser zu verstehen und zu akzeptieren. Studiert, vergeßt aber dabei nicht das Wesentliche, nämlich zu lernen, gemeinsam mit den anderen zu leben. Und nicht nur mit euren Freunden und Kollegen, denn ihr sollt mit allen möglichen Menschen in Verbindung treten, Menschen, die sich durch Alter, Ausbildung, gesellschaftliches Milieu, Nationalität und Rasse von euch unterscheiden, damit ihr euch schon sehr früh an alle Situationen im Leben der Menschen gewöhnt. Denn wenn ihr nicht vorbereitet seid und solchen Situationen begegnen müßt, zeigt ihr euch verschlossen, engstirnig und manchmal sogar bösartig, ohne es zu wollen.

II

Weshalb gab die kosmische Intelligenz Mann und Frau das Bedürfnis, einander näherzukommen? Weil sie sie dazu bringen wollte, aus ihrem Individualismus, ihrer Selbstsucht herauszukommen, um mehr Verständnis, Geduld und Selbstlosigkeit zu entwickeln. Wenn aber junge Menschen beschließen, gemeinsam zu leben und eine Familie zu gründen, tun sie es zunächst nicht in dieser Absicht. Jeder denkt unbewußt nur an sich selbst, sein Vergnügen, die eigene Bequemlichkeit, ohne die Bedürfnisse und Wünsche des Partners zu berücksichtigen. Und später stellen die Armen ein wenig erstaunt und enttäuscht fest, daß die Tatsachen ihren Erwartungen nicht entsprechen.

Die Jugendlichen, die leichtsinnig eine Verbindung oder eine Heirat eingehen, glauben, daß alles leicht, reibungslos und angenehm sein wird. Es dauert aber nicht lange, bis sie sich allmählich in die Enge getrieben fühlen. Und schon gibt es Auseinandersetzungen und Streitereien, bis sie verstehen, daß die Situation nur durch gegenseitige Zugeständnisse und etwas Selbstlosigkeit gerettet werden kann. Das, was sie als reine Unterhaltung betrachteten, ist in Wirklichkeit eine Schule, wo jeder Mensch das Wichtigste lernt, nämlich die Erweiterung des Bewußtseins. Ihr fragt euch, worin diese Erweiterung des Bewußtseins besteht. Es besteht darin, aus seinem kleinen Ich herauszukommen, um in die unendlich große Gemeinschaft aller Geschöpfe einzutreten.

Die klare Erkenntnis von diesem Ziel, das jeder Mensch anstrebt, muß in der Pubertät ansetzen, wenn die Gefühlswelt in den Jugendlichen erwacht und sie das Bedürfnis empfinden, mit Gleichaltrigen Verbindungen anzuknüpfen. Bis dahin braucht das Kind vor allem die Liebe seiner Eltern. Auch wenn es Geschwister und Freunde hat, genügt ihm die elterliche Liebe, aus der es, was ganz normal ist, selbstsüchtig schöpft. Es bewegt sich im beschränkten Umkreis seines kleinen Ichs und findet in dieser Liebe alle notwendigen Elemente, um es mit dem Leben aufzunehmen, die Gewißheit, daß es nicht allein ist, das Gefühl beschützt zu werden, weder Kälte noch Hunger oder Gefahren ausgesetzt zu sein.

Bald aber reicht das nicht mehr aus. Eines Tages spürt das Kind ein Interesse für gleichaltrige Jungen und Mädchen in sich erwachen, es wird innerlich berührt von Gesichtern, Gesten und Worten, und von dem Augenblick an beginnt die eigentliche Schule des Lebens. Von nun an lernt es, daß auch die anderen wirklich existieren und nicht dazu da sind, sich seinem Willen, seinen Wünschen zu fügen. Das lernt es besonders, wenn es die Aufmerksamkeit oder die Freundschaft von jemand erlangen möchte und es ihm nicht gelingt, weil der andere sich um andere Dinge kümmert oder sich für ein anderes Gesicht interessiert, oder wenn es ihm zwar gelingt, diese Aufmerksamkeit zu wecken, aber nur wenn es alle möglichen Zugeständnisse macht und oft Tränen vergießt... Ja, so beginnen viele Komödien und leider auch viele Tragödien!

Man muß den jungen Menschen schon sehr früh beibringen, wie man diese Gefühle und Zuneigungen einordnen soll, von denen sie geschüttelt werden, aber auch, wie sie damit arbeiten können. Denn die ersten Gefühle und Zuneigungen, welche die Jugendlichen für andere Menschen empfinden, sind nichts weiter als die Manifestation des Triebes, mit dem die kosmische Intelligenz jeden Menschen ausgestattet hat, damit er sein Bewußtsein erweitert, indem er andere Menschen in sein Herz und seine Seele einläßt. Bliebe er ganz allein, selbstsüchtig und verschlossen, dann würde er nichts lernen und sich nicht weiterentwickeln.

Aber eine Familie zu gründen und Kinder zu haben genügt nicht, man muß den Kreis der Familie erweitern und das gesamte Universum umfassen, denn die Familie ist nur der Anfang, sie ist nicht das Ende, das Ziel. Diejenigen, die sich auf ihre Familie konzentrieren, nur für sie arbeiten und alles übrige vergessen, machen sich nicht klar, daß sie dadurch die Voraussetzungen für Unverständnis und Feindschaft zwischen allen Familien schaffen, und am Ende gleicht das Ganze einem Kampf zwischen Clans und Stämmen. Das Schlimmste dabei ist, daß sie mit dieser Einstellung nicht einmal sicher sein können, ihre eigene Familie wirklich glücklich zu machen. Den Beweis dafür liefert die steigende Zahl der zerrütteten Familien. Nach einiger Zeit trennen sich die Eltern, um andere Beziehungen anzuknüpfen, und die Kinder landen irgendwo, mit dem Vater da und der Mutter dort. Nennt man das »Familienglück«?... Wie viele Meinungen müssen jetzt wieder richtiggestellt werden!

Alle Gesellschafts- und Familienkonflikte sind das Resultat der Selbstsucht und der Engstirnigkeit der Menschen. Entschließt sich nicht jeder Einzelne, endlich an sich selbst zu arbeiten, dann wird sich die Erde in ein immer mörderischeres Schlachtfeld verwandeln. Manche Denker, die den negativen Einfluß der Familie beobachtet haben, wollten dem abhelfen indem sie die Existenz der

Familie in Frage stellten. Ihrer Meinung nach sollten die Kinder nicht mehr von der Familie, sondern von staatlichen Einrichtungen erzogen werden. Das sind bedauernswerte Vorstellungen, die zu katastrophalen Ergebnissen führen. Aus den Kindern werden kleine Monster, die ihren Eltern fremd bleiben und unter bestimmten Umständen nicht zögern, die Eltern sogar bei der Polizei anzuzeigen, das ist grauenhaft! Die Familie darf man nicht zerstören, denn ihre Mitglieder sind untereinander mit heiligen Banden verbunden. Man muß lediglich den Begriff der Familie erweitern. Diese Erweiterung muß jetzt von der Jugend ausgehen und erfordert eine langwierige Arbeit.

Die Tatsache, daß man heiratet und seinen Verwandten noch einen Schwiegervater, eine Schwiegermutter, Schwager und Schwägerinnen und eine Reihe Onkel, Tanten, Neffen, Nichten und Cousins hinzufügt, bedeutet nicht, daß man sein Bewußtsein wirklich erweitert. Es kommen nur ein paar Verwandte mehr hinzu, aber man kann deshalb doch weiterhin engstirnig, begrenzt und egoistisch bleiben. Eine Erweiterung des Bewußtseins zeigt sich durch ein edles und selbstloses Verhalten. Man akzeptiert auch einmal ein paar Unannehmlichkeiten und ist sogar bereit, für andere zu leiden oder ein Opfer zu bringen. Und das ist noch nicht alles, man weiß und spürt, daß man der großen, universellen Familie angehört und freut sich darüber.

Wenn ich höre, wie manche mit leidensvoller Miene sagen: »Ich bin allein, ohne Familie,« bin ich immer wieder verblüfft. Wie? Er hat keine Familie?... Er hat doch eine riesengroße Familie, aber sein Bewußtsein ist so begrenzt, so umnebelt, daß er das nicht fühlt. Und das trifft für Milliarden von Menschen auf der Welt zu. Sie fühlen sich allein, und dennoch!... Beginnt ihr wenigstens, an dieser Erweiterung des Bewußtseins zu arbeiten, begreift, daß es keinen Grund gibt, sich allein zu glauben, selbst wenn ihr weder Vater noch Mutter noch Geschwister noch andere Blutsverwandte mehr habt. Ihr müßt wissen und spüren, daß ihr alle Brüder und Schwestern seid, Söhne und Töchter desselben Vaters, des kosmischen Geistes, und derselben Mutter, der universellen Natur, dann werdet ihr niemals mehr unglücklich oder verlassen sein.

VOM SELBEN AUTOR

Deutsche Übersetzungen

Reihe Gesamtwerke

Band 1	–	Das geistige Erwachen
Band 5	–	Die Kräfte des Lebens
Band 6	–	Die Harmonie
Band 7	–	Die Mysterien von Jesod
Band 10	–	Surya Yoga
Band 11	–	Der Schlüssel zur Lösung der Lebensprobleme
Band 12	–	Die Gesetze der kosmischen Moral
Band 13	–	Die Neue Erde
Band 14	–	Liebe und Sexualität
Band 25/26	–	Der Wassermann und das goldene Zeitalter (neu Herbst 96)

Broschüren

In der Reihe Broschüren sind vom gleichen Autor bisher erschienen:

302 – Die Meditation
303 – Die Atmung
304 – Der Tod und das Leben im Jenseits
306 – Musik und Gesang im spirituellen Leben
307 – Das hohe Ideal
309 – Die Aura, unsere geistige Haut
311 – Wie die Gedanken sich in der Materie realisieren
312 – Die Reinkarnation
321 – Weihnachten und das Mysterium der Geburt Christi
322 – Die spirituellen Grundlagen der Medizin
323 – Meditationen beim Sonnenaufgang

Vom selben Autor:

Reihe Izvor

201 - Auf dem Weg zur Sonnenkultur

Die Sonne, Begründerin der Kultur – Surya-Yoga – Die Suche nach dem Zentrum – Die nährende Sonne – Der Solarplexus – Der Mensch, Abbild der Sonne – Die Geister der sieben Lichter – Die Sonne als Vorbild – Die wahre Sonnenreligion.

202 – Der Mensch erobert sein Schicksal

Das Gesetz von Ursache und Wirkung – „Du sollst das Feine vom Dichten sondern" – Entwicklung und Schöpfung – Menschliche und göttliche Gerechtigkeit – Das Gesetz der Wechselwirkungen – Die Gesetze der Natur und die Gesetze der Moral – Die Reinkarnation.

203 – Die Erziehung beginnt vor der Geburt

Zuerst müssen die Eltern erzogen werden – Die Erziehung beginnt schon vor der Geburt – Ein Entwurf für die Zukunft der Menschheit – Kümmert euch um eure Kinder – Eine neue Auffassung der mütterlichen Liebe – Das magische Wort – Ein Kind braucht immer eine Beschäftigung – Die Kinder müssen auf ihr Leben als Erwachsene vorbereitet werden – Liebe ohne Schwäche – Erziehung und Belehrung.

204 – Yoga der Ernährung

Die Ernährung betrifft das ganze Wesen – Hrani-Yoga – Die Nahrung, ein Liebesbrief des Schöpfers – Die Auswahl der Nahrung – Der Vegetarismus – Die Ernährung und ihre Moral – Das Fasten – Vom Abendmahl – Der Sinn der Segnung – Die Arbeit des Geistes an der Materie – Das Gesetz vom Austausch.

205 – Die Sexualkraft oder geflügelte Drache

Der geflügelte Drache – Liebe und Sexualität – Die Sexualkraft, Voraussetzung für das Leben auf Erden – Vom Vergnügen – Die Gefahren des Tantrismus – Lieben ohne Gegenliebe zu erwarten – Die Liebe ist im ganzen Universum verbreitet – Die geistige Liebe, eine Nahrung auf höherer Ebene – Das hohe Ideal - Transformator der Sexualkraft – Öffnet der Liebe einen Weg nach oben.

206 – Eine universelle Philosophie

Einige Erklärungen zum Begriff *Sekte* – Keine Kirche ist ewig – Die Grundlagen einer universellen Religion – Die Große Universelle Weiße Bruderschaft – Wie man den Begriff *Familie* erweitert – Die

Bruderschaft, ein höherer Bewußtseinsgrad – Die Kongresse der Bruderschaft in Le Bonfin – Jeder Aktivität eine universelle Dimension geben.

207 – Was ist ein geistiger Meister

Wie man einen wirklichen geistigen Meister erkennt – Von der Notwendigkeit eines geistigen Führers – Spielt nicht den Zauberlehrling! – Spiritualität nicht mit Exotik verwechseln – Vom Ausgleich zwischen geistiger und materieller Welt – Der Meister, ein Spiegel der Wahrheit – Erwartet von einem Meister nur das Licht – Der Schüler vor dem Meister – Die universelle Dimension eines Meisters – Die magische Gegenwart eines Meisters – Die Identifizierung – „Wenn ihr nicht werdet wie die Kinder".

208 – Das Egregore der Taube oder das Reich des Friedens

Der tiefere Sinn des Friedens – Die Völkervereinigung und ihre Vorteile – Aristokratie und Demokratie – Kopf und Bauch – Vom Geld – Über die Verteilung des Reichtums – Kommunismus und Kapitalismus, zwei sich ergänzende Philosophien – Für ein neues Verständnis der Wirtschaft – Was jeder Politiker wissen sollte – Das Reich Gottes.

209 – Weihnachten und Ostern in der Einweihungslehre

Das Weihnachstfest – Die zweite Geburt – Das Erwachen auf den verschiedenen Ebenen – „Wenn ihr nicht sterbt, so werdet ihr nicht leben!" – Die Auferstehung und das Jüngste Gericht – Der Lichtkörper.

210 – Die Antwort auf das Böse

Die zwei Bäume des Paradieses – Das Gute und das Böse - Zwei Kräfte, die das Rad des Lebens drehen – Über die Begriffe des Guten und des Bösen – Das Gleichnis von *Spreu und Weizen* – Die Philosophie der Einheit – Die drei großen Versuchungen – Die Frage der Unerwünschten – Über den Selbstmord – Das Böse durch Licht und Liebe besiegen – Sich spirituell stärken, um die Prüfungen zu bestehen.

211 – Die Freiheit, Sieg des Geistes

Die psychische Struktur des Menschen – Die Beziehungen zwischen Geist und Körper – Schicksal und Freiheit – Der befreiende Tod – Die Freiheit des Menschen liegt in der Freiheit Gottes – Die wahre Freiheit – Sich begrenzen, um sich zu befreien – Anarchie und Freiheit – Über den Begriff der Hierarchie – Die innere Synarchie.

212 – Das Licht, lebendiger Geist

Das Licht, Essenz der Schöpfung – Die Sonnenstrahlen: ihre Natur und ihre Aktivität – Das Gold, kondensiertes Sonnenlicht – Das Licht, das es möglich macht zu sehen und gesehen zu werden – Die Arbeit mit dem Licht – Das Prisma, Bild des Menschen – Die Reinheit – Der Laserstrahl im geistigen Leben.

213 – Menschliche und göttliche Natur

Menschlich...oder tierisch? – Die niedere Natur, eine Spiegelung der höheren Natur – Auf der Suche nach unserer wahren Identität – Über die Möglichkeit, den Begrenzungen der niederen Natur zu entgehen – Die Sonne, Symbol der göttlichen Natur – Die niedere Natur beherrschen und als Energiequelle benutzen – Die Stimme der göttlichen Natur – Der Mensch kann sich nur dann entfalten, wenn er seiner höheren Natur dient – Die höhere Natur in sich selbst und anderen fördern – Die Rückkehr des Menschen in Gott.

214 – Die geistige Galvanoplastik und die Zukunft der Menschheit

Die geistige Galvanoplastik – Mann und Frau - Abbild des männlichen und weiblichen Prinzips – Die Ehe – Lieben ohne Anspruch – Wie man der Liebe eine edlere Ausdrucksform gibt – Der Liebesakt aus der Sicht der Einweihungslehre – Die Sexualkraft, Bestandteil der Sonnenenergie – Die Zeugung eines Kindes – Die Schwangerschaft – Die Kinder von Verstand und Herz – Die Frau soll ihren wahren Platz wieder einneh-men – Das Reich Gottes, Kind der Kosmischen Frau.

215 – Die wahre Lehre Christi

„Vater unser, der Du bist im Himmel“ – „Ich und der Vater sind eins“ – „Seid vollkommen, wie euer Vater im Himmel vollkommen ist“ – „Sucht zunächst das Reich Gottes und seine Gerechtigkeit“ – „Wie im Himmel, so auf Erden“ – „Wer mein Fleisch ißt und mein Blut trinkt, hat das ewige Leben“ – „Vater vergib ihnen, denn sie wissen nicht, was sie tun“ – „Wer dich auf eine Backe schlägt“ – „Wachet und betet“.

216 – Geheimnisse aus dem Buch der Natur

Das Buch der Natur – Tag und Nacht – Quelle und Sumpf – Die Vermählung, ein universelles Symbol – Die Arbeit mit den Gedanken zur Gewinnung der Quintessenz – Die Macht des Feuers – Die entschleierte Wahrheit – Der Hausbau – Rot und weiß – Der Strom des Lebens – Das neue Jerusalem und der vollkommene Mensch – Lesen und schreiben.

217 – Ein neues Licht auf das Evangelium

„Man füllt nicht jungen Wein in alte Schläuche“ – „Wenn ihr nicht werdet wie die Kinder“ – Der ungerechte Verwalter – „Sammelt euch Schätze“ – „Gehet ein durch die enge Pforte“ – „Wer auf dem Dach ist...“ – Der Sturm, der sich gelegt hat – „Die Ersten werden die Letzten sein“ – Das Gleichnis von den fünf törichten und von den fünf klugen Jungfrauen – „Das ist das ewige Leben, daß sie Dich erkennen, der Du allein wahrer Gott bist!“

218 – Die geometrischen Figuren und ihre Sprache

Die Symbolik der geometrischen Figuren – Der Kreis – Das Dreieck – Das Pentagramm – Die Pyramide – Das Kreuz – Die Quadratur des Kreises.

219 – Geheimnis Mensch

Die menschliche Evolution und die Entwicklung der spirituellen Organe – Die Aura – Das Sonnengeflecht – Das Harazentrum – Die Kundalinikraft – Das System der Chakras.

220 – Mensch und Kosmos im Tierkreis

Der vom Tierkreis abgegrenzte Raum – Die Entwicklung des Menschen und der Tierkreis – Der planetarische Zyklus der Stunden und Wochentage – Das Kreuz des Schicksals – Die Achsen Widder-Waage und Stier-Skorpion – Die Achse Jungfrau-Fische – Die Achse Löwe-Wassermann – Wasser- und Feuerdreieck – Der Stein der Weisen: Sonne, Mond und Merkur – Die 12 Stämme Israels und die 12 Helden taten des Herkules in Verbindung mit dem Tierkreis.

221 – Alchimistische Arbeit und Vollkommenheit

Die geistige Alchemie – Charakter und Temperament – Das Erbe aus dem Tierreich – Die Angst – Die Einprägungen – Das Veredeln – Die Verwendung der Energien – Das Opfer, Umwandlung der Materie – Eitelkeit und göttlicher Ruhm – Hochmut und Demut – Die Sublimierung der Sexualkraft.

222 – Struktureller Aufbau und Schichten der Psyche

„Erkenne dich selbst“ – Eine synoptische Tafel – Verchiedene Seelen und Körper – Herz, Intellekt, Seele und Geist – Die Schulung des Willens – Körper, Seele und Geist – Äußeres und inneres Erkennen – Vom Intellekt zur Intelligenz – Die wahre Erleuchtung – Der Kausalkörper – Das Bewußtsein – Das Unterbewußtsein – Das höhere Ich.

223 – Geistiges und künstlerisches Schaffen

Kunst, Wissenschaft und Religion – Die göttlichen Quellen der Inspiration – Die Aufgabe der Phantasie – Poesie und Prosa – Die Stimme – Chorgesang – Die beste Weise, Musik zu hören – Magie der Gestik – Die Schönheit – Idealisieren als Mittel zum Schaffen – Das lebendige Meisterwerk – Der Aufbau des Tempels.

224 – Die Kraft der Gedanken

Von der Wirklichkeit der spirituellen Arbeit – Wie stellen wir uns die Zukunft vor – Die psychische Verschmutzung – Leben und Kreisen der Gedanken – Wie die Gedanken sich in der Materie verwirklichen – Nach dem Gleichgewicht von materiellen und spirituellen Mitteln suchen – Die Kraft des Geistes – Einige Gesetze, die bei der geistigen Arbeit zu beachten sind – Das Denken als hilfreiche Waffe – Die Kraft der Konzentration – Die Grundlagen der Meditation – Das schöpferische Gebet – Die Suche nach dem Gipfel.

225 – Harmonie und Gesundheit

Das Wesentliche, das Leben – Die Welt der Harmonie – Harmonie und Gesundheit – Die spirituellen Grundlagen der Medizin – Atmung und Ernährung – Die Atmung – Die Ernährung – Wie man unermüdlich werden kann – Die Pflege der Zufriedenheit.

226 – Das Buch der göttlichen Magie

Die Wiederkehr magischer Praktiken und ihre Gefahr – Der magische Kreis: die Aura – Der magische Stab – Das magische Wort – Die Talismane – Über die Zahl dreizehn – Der Mond, Gestirn der Magie – Die Zusammenarbeit mit den Naturgeistern – Blumen, Düfte – Wir alle üben Magie aus – Die drei magischen Hauptgesetze – Die Hand – Der Blick – Die magische Kraft des Vertrauens – Die wirkliche Magie: die Liebe – Ihr solltet niemals versuchen, Rache zu üben – Exorzismus und Weihe von Gegenständen – Schützt eure Wohnstätte.

227 – Goldene Regeln für den Alltag

Das kostbarste Gut: das Leben – Bringt materielles und geistiges Leben in Übereinstimmung! – Widmet euer Leben einem erhabenen Ideal! – Der Alltag: eine vom Geist umzuwandelnde Materie – Essen: eine Yogaübung! – Die Atmung – Wie man wieder zu Kräften kommt – Wahre Liebe macht unermüdlich – Gestaltet euer Innenleben! – Die Außenwelt spiegelt eure Innenwelt wider – Eure Zukunft wird so sein, wie ihr sie jetzt vorbereitet – Lebt ganz in der Gegenwart! – Achtet immer auf den Anfang! – Bittet um Licht, bevor ihr handelt! – Sich seiner Denkgewohnheiten bewußt werden – Seinem Leben eine spirituelle Richtung geben – Gebt der Praxis den Vorzug!

228 – Einblick in die unsichtbare Welt

Das Sichtbare und das Unsichtbare – Das begrenzte Wahrnehmungsvermögen des Intellekts und das unbegrenzte Wahrnehmungsvermögen der Intuition – Sollte man sich von Hellsehern beraten lassen? – Liebt, und eure Augen werden sich auftun – Die Botschaften des Himmels – Sichtbares und unsichtbares Licht – Die höchsten Entwicklungsstufen

Verlag – Auslieferung

Editions PROSVETA S.A. – B.P. 12 – 83601 Fréjus Cedex (France)
Tel. 94 40 82 41 – Telefax 94 40 80 05

Auslieferungen

AUSTRALIEN
QUEST, 484 Kent Street
2000 Sydney

BELGIEN
PROSVETA BENELUX
Liersesteenweg 154 B-2547 Lint
N.V. MAKLU Somersstraat 13-15
B-2000 Antwerpen
VANDER S.A.
Av. des Volontaires 321
B-1150 Bruxelles

BRASILIEN
NOBEL SA
Rua da Balsa, 559
CEP 02910 - São Paulo, SP

BULGARIEN
SVETOGLED
Bd Saborny 16 A appt 11
9000 Varna

DEUTSCHLAND
PROSVETA Deutschland
Gemmiweg 4
72355 Schömberg
Tel. (49) 7427 91035 – Fax. (49) 7427 91099
EDIS GmbH, Daimlerstr. 5
D 82054 Sauerlach
Tel. 08104-6677-0 – Fax. 08104-6677-99

ENGLAND
PROSVETA
The Doves Nest
Duddleswell Uckfield,
East Sussex TN 22 3JJ

GRIECHENLAND
EDITIONS PROSVETA
J. VAMVACAS
Rue El. Venizelou 4
18531 – Piräus

HONG KONG
SWINDON BOOK CO LTD
246 Deck 2, Ocean Terminal
Harbour City, Tsimshatsui, Kowloon

IRLAND
PROSVETA IRL.
84 Irishtown – Clonmel

ITALIEN
PROSVETA Coop.
Casella Postale
06060 Moiano (PG)

KANADA
PROSVETA Inc.
1565 Montée Masson
Duvernay est, Laval, Que. H7E 4P2

KOLUMBIEN
PROSVETA
Avenida 46 n° 19 – 14 (Palermo)
Santafé de Bogotá

LUXEMBURG
PROSVETA BENELUX
Liersesteenweg 154
B-2547 Lint

MEXICO
COLOFON S.A. de C.V.
Pitagora 1143, Colonia del Valle
03 100 Mexico, D.F.

NEUSEELAND
PSYCHIC BOOKS
P.O. Box 87-151
Meadowbank Auckland 5

NIEDERLANDE
STICHTING PROSVETA NEDERLAND
Zeestraat 50
2042 LC Zandvoort

NORWEGEN
PROSVETA NORDEN
Postboks 5101
1501 Moss

ÖSTERREICH
MANDALA
Magister-Eduard-Angerer-Weg 72
A-6380 St. Johann (Tirol)
Tel. (43) 5352-61053
Fax. (43) 5352-61054

PORTUGAL
PUBLICAÇÕES EUROPA-AMERICA Ltd
Est Lisboa-Sintra KM 14
2726 Mem Martins Codex

RUMÄNIEN
ANTAR
Str. N. Constantinescu 10
Bloc 16A - sc A - Apt. 9
Sector 1 - 71253 Bucarest

SCHWEIZ
PROSVETA
Société Coopérative
CH - 1808 Les Monts-de-Corsier
Tel. (41) 21 9219218
Fax. (41) 21 9229204

SPANIEN
ASOCIACIÓN PROSVETA ESPAÑOLA
C/ Ausias March n° 23 Ático
SP-08010 Barcelona

VEREINIGTE STAATEN
PROSVETA U.S.A.
P.O. Box 49614
Los Angeles, California 90049

VENEZUELA
J.P. Leroy
Apartado 51 745, Sabana Grande
1050 A Caracas

ZYPERN
THE SOLAR CIVILISATION BOOKSHOP
PO Box 4947
Nicosie

Die Vereinigung der Universellen Weißen Bruderschaft
hat die Anwendung der Lehre von Meister Omraam Mikhaël Aïvanhov zum Ziel. Seine Werke werden herausgegeben und vertrieben vom Verlag Prosveta

Auskünfte über die Vereinigung durch folgende Adressen:

Deutschland

U.W.B. e.V., Marienstr. 33, D - 78588 Denkingen

Schweiz

FBU, Chemin de la Céramone, CH 1808 Les Monts-de-Corsier
Telefon 021-9219390, Telefax 021-9235127

Österreich

U.W.B., Postfach 335, A - 5016 Salzburg

Dépôt légal: Mai 1996 - N° d' impression: 2314 - Imprimé en France
Imprimerie Prosveta, Z.I. du Capitou - B.P. 12
83601 Fréjus Cedex, France